臺灣文學教育耕穫集

林政華著

臺灣近百年研究叢刊

文史哲出版社印行

國家圖書館出版品預行編目資料

臺灣文學教育耕穫集 / 林政華著. -- 初版. --臺北市 :文史哲,民 91
面; 公分. -- (臺灣近百年研究叢刊 ; 10)
參考書目：面
ISBN 957-549-423-7 (平裝)

1.臺灣文學 - 論文,講詞等

820.7 91004857

臺灣近百年研究叢刊

臺灣文學教育耕穫集

著 者：林 政 華
出版者：文 史 哲 出 版 社
http://www.lapen.com.tw
登記證字號：行政院新聞局版臺業字五三三七號
發行人：彭 正 雄
發行所：文 史 哲 出 版 社
印刷者：文 史 哲 出 版 社
臺北市羅斯福路一段七十二巷四號
郵政劃撥帳號：一六一八〇一七五
電話 886-2-23511028・傳真 886-2-23965656

實價新臺幣二四〇元

中華民國九十一年(2002)三月初版

ISBN 957-549-423-7

寫佇出版進前

欣聞跨世紀第一年，有多所大學將會申請設立臺灣文學系，和本系——眞理大學臺文系共同爲建構臺灣本土文化的工程而努力。去年起，就有擬設臺文系的友人來索取本系的課程、師資等等資料，也詢問了許多相關的資訊；那時，筆者就擬將二年多以來，承乏來淡水所寫有關經營本系的種種經驗，以及其他有關臺灣文學教育的文字，結集成冊，供來者參考。「努力耕耘，必有所穫」，如今終於成編，了卻心事，是人生一大樂事。

本書計有五十八多篇，分爲五輯。首先是十篇本系鱗爪，其次是「臺灣文學觀念與教育」十七篇，其中多是筆者擔任系務以來的所思所感所爲。眞心的奉獻，全力的投入，而所得僅此，常嘆時間不夠用，分身又乏術，只是盡心力而爲之，求得心安而已；因此，集名「耕穫」，意指「耕耘小穫」。

第三輯是思考臺灣文學發皇的基礎，其實在「臺灣兒童少年文學」的扎根上。多年來，兒童少年文學已相當發達，臺東師院已設了研究所；但是，臺灣本土的兒童少年文學仍在拓荒階段，數年前筆者的《臺灣兒童少年文學》（臺南世一文化公司出版），到目前爲止，仍是世上唯一的一本。因此，本輯六篇，筆者大聲急呼臺灣兒童少年文學是臺灣文學的一部分，也是居於基礎的一大部分，兩者性質相通，只是對象不同而已，研究臺灣文學，不能不重視臺灣兒童少年文學！

第四輯爲本校系年度大戲「臺灣文學家牛津獎」的頒致，以得主作品爲研討對象的文學會議，種種經驗的傳承；其目的，也在提供關心臺灣本土文學發展的人士參考。

最後一輯是「臺灣文學這些人那些書」，對叔祖獻堂公等臺灣本土文學有貢獻與成就人士的悼念或記述，以及讀書一得的寫作，篇篇也都寄託關心臺灣、關心文學的情懷在其中。

俗話說：三年一小成，五年一大成；筆者「流浪到淡水」擔任「兼敲鐘」的工作，也近三年。才疏學淺，雖自信全力以赴，無暝無日，但畢竟歷史的裁判是嚴酷而公正的；謹將近三年所得呈獻於讀者面前，（另有學術論文集《臺灣文學汲探》，同時由文史哲出版社印行）甚望　大方之家不吝指教。

二〇〇一年三月　林政華寫佇　眞理大學臺灣文學系向海樓

二〇〇二年三月後記：去年七月底，筆者為何不得不離開原本要奉獻至退休的臺文系？讀者如欲知，煩請詢問臺文系陳凌副教授；葉校長和他知道。

臺灣文學教育耕穫集　目次

林政華著

◎臺灣文學觀念與教育

◎**臺灣文學的基礎**

◎臺灣文學家牛津獎紀事

◎臺灣文學這些人那些書

真理大學臺灣文學系鱗爪・8・

真理大學臺灣文學系鱗爪

臺灣四百年第一系

「臺灣有文學？」一九九五、六年時，還有少數人這麼疑問著。

在一九九七年二月五日，教育部終於核准私立淡水工商管理學院設立臺灣文學系，上述的疑慮更加不攻自消。臺文系同年八月一日招生，二〇〇一年就有畢業學生了。

眞理大學（一九九九年八月淡水學院改名）臺文系，是「臺灣四百年來第一所設立的臺灣文學系」，一般人都期盼它成爲「臺灣四百年第一系」；這也正是本系所有師生一致努力的目標。這個系的成立實在不容易，其中有幾段艱苦的祕辛；筆者在設立的第二年「流浪到淡水」，到臺文系做工，所以多少知道一些。

一九九六年全國有將近二十個民間團體，聯名要求政府核准設立臺灣文學系所。當年前後，也有十三四所著名的機關學校申請設立，例如：臺大即擬設所。但是，最後卻跑出了一匹他人認爲的大黑馬——淡院被核准設立！爲什麼呢？

據筆者所知，葉能哲校長的努力、智慧和堅持，是最大的原因。葉校長直到一九九八年十一月七日，在臺文系所主辦的葉石濤文學會議致詞時，才公開下列祕辛，他說：

「當時我用教育部已核准本校設立的數理統計與精算學系來和臺灣文學系交換，讓臺文系先設立。大家要知道：精算是我的專業；這樣的交換要求感動了審查委員們。我並且對教育部說：如果你們不同意，我要跟你們輸贏（臺灣河洛語，指拚命、決生死）！」

臺文系的成立，籌備主任陳淩（笨功夫）大力奔走（有所謂七上——七次修改計畫書——八下——第八次才批准下來——的話）之外，上述葉校長更來個臨門一腳，這下子才成功。

其實，當時葉校長擔任校長工作已廿六年，是大學校院長中的元老，聲名卓卓，大家都相信他，尊重他。

衆人皆知，美國歷史才二百多年，美國文學早已響噹噹；而臺灣文學歷史將近四百年，豈能令其荒蕪？在研究、教學和推廣臺灣文學之餘，我們臺文系師生更要致力恢復臺灣爲主體的尊嚴，發揚臺灣的眞精神，廣具國際的視野，邁開本土的行動，絕不辜負全國人民的期盼！

速寫葉能哲校長與臺灣文學系

眞理大學臺灣文學系可說是葉能哲校長一手創設的。以一位專攻數學及神學的數理博士和牧師，卻對臺灣文學這麼了解和熱愛，而且劍及履及，眞是難能可貴！他和臺灣文學還有不少值得大書特書的地方：

首先，在創系的前二年（一九九五年），學校已舉辦過大型的「臺灣文學研討會」，二天共有三十四篇論文發表。以一所私立學院而言，這是大手筆，據說經費支出龐大，而葉校長卻一口答應。

而在一九九七年臺文系核准設立的次月（三月），葉校長即請內定的張良澤主任籌設「臺灣文學資料館」，廣蒐教學、研究資料供師生使用。由於張主任的居中，六月九日葉校長親赴日本接受西川滿教授所贈珍貴藏書近萬件。七月下旬運抵國門。如今西川氏已作古，臺文館成為國際研究西川文學的重鎭。

當年還有一盛事，即核准臺文系提案：每年頒致「臺灣文學家牛津獎」給對臺灣文學具有特殊成就和傑出貢獻的文學家，並為他舉辦作品研討會議。首位得主巫永福先生，次年爲葉石濤先生，又次年爲鍾肇政先生，千禧年則頒給王昶雄先生，二〇〇一年爲林亨泰先生。

筆者在一九九八年八月，承乏來臺文系服務，親身感受葉校長對本系的特別照顧，諸如：租撥影印機一臺、准許刊登數家報紙徵集臺灣文學研究資料、僱請一名助理、採納不點學校老師名的建議、同仁排課由本系獨立作業等等都是。

另外，葉校長曾指示儘量收轉系、轉學生，使青年後進多多學習臺灣文學，熱愛臺灣，將來好爲國用。一九九九年元月，在校園中碰到，他甚至說：「我們學校十八個系，臺文最重要，其他系其實可有可無。」

葉校長既然這麼疼愛臺文系，全系師生也知所振作，沒有給他失望，已連續三年新生錄取分數居全校之冠。第一屆學生蘇頌淇在研究所碩士生甄選時，更連中靜宜大學中文所和東華大學創作與英語教學所的雙元；另有徐碧霞考取成大臺文所、盧昶佐考取政大哲學所，賴馨慈考取本校宗教所；其他同學也有好的未來。我們深知離成功的目標尚遠，唯有更加緊奮進的腳步。

臺灣文學教育有師資

眞理大學臺灣文學系開有四十多門專業課程，東海大學洪銘水教授等人來系參觀，認爲課程有許多是聞所未聞，而擔心師資問題。筆者即攤開系簡介中「現有師資」的部分；他看了很放心。那麼，在介紹本系課程之後，就應說說師資了。

無可諱言的，由於過去全無臺灣文學的課程，科班的教師幾乎沒有，都是自修自學得來的。本系專任師資絕大部分也由從前的國文、中文教師轉型而來；正因此，我們多多聘請自學有成的台文專業教師兼任，陣容多爲一時之選，有不少是「國寶級」的，可以補專任的不足；使學生跟「大師」學習，栽培出不一樣的人才來。

現不分專、兼任，介紹幾位特殊的人才，以見本系師資的一斑，從而證明臺灣文學師資並不匱乏。今後國內大學擬設立第二、第三所臺灣文學系，本系願全力「友情贊助」，師資絕對不是問題！

前一、兩年在本系任教，後因忙碌等諸原因，目前未繼續任教的三位教授，是：陳芳明、李喬和張恆豪教授。陳芳明的口才和文筆，學生至今仍懷念他；可惜他只在創立

第一年來兼課，後來即因事忙，在報上撰文跟學生說拜拜。李喬的知名度更高，有大河小說《寒夜三部曲》等名作，口才一流，學生如坐春風，所授「臺灣文化信仰與社會」和「文學與人生」（通識科目），校內外旁聽學生及人士很多。而張恆豪爲成大、東吳高材生，碩士畢業後近二十年始來系授課，所授「臺灣文學導論」和「戰前臺灣新文學」二門，是他的拿手，研究深入，學生受益良多。

目前有多位台文界名師在本系授課，如：向陽、蕭蕭、白靈先生，是大家所熟知的。向陽講授「當代臺灣文學思潮」和「鄉土理念與文學」；蕭蕭上「臺灣新詩專題」。白靈也是詩人，本爲化工碩士而以詩學教育榮獲國家文藝獎；他講授「現代詩欣賞與創作」、「美學與文學」，正是他的專業，上課特爲認眞，從不到休息室坐一會兒。

另外，尚有出身美國史丹佛大學人類學博士的宋龍生教授，是國際臺灣卑南族研究權威學者，對臺灣先住民的歷史、社會、文化與文學的研究精到，甚受學生歡迎，一學期的課，要求老師下學期改課名再講授更深的內容。而創用「地名學」一詞的臺灣師大地理系、所主任陳國章教授，熱愛臺灣，百忙中也樂意到淡水，講授他的絕活「臺灣地名與地理」；他是出身日本國立東京教育大學的地理學博士。

又有彭瑞金，是由高中退休後葉校長破格、不次禮聘的研究者。他任教了「臺灣文學導論」、「臺灣文學流變史」、「戰前臺灣新文學」、「臺灣文學理論與批評」和「臺灣客家文學歷史與各體創作」等五個重要科目。

其他像陳藻香、陳恆嘉、黃英哲老師等等，受篇幅限制，無法一一紹述；不過，本系第一任系主任，現爲本校臺灣文學館長兼客座教授的張良澤，則不能「省略」。他是國際知名臺灣文學研究者，開風氣之先，已編輯了不少臺灣文學先行者的全集，貢獻良多。葉校長赴日禮聘他返國接系一年，辛苦備嚐，當學校「媒人」而獲得日人西川滿教授約萬冊藏書，也是美事一樁。他擔任過「皇民文學評述」和「臺灣文學流變史」等課程。

二〇〇年八月，本系已進入第四年，四年級的師資也大抵聘定，有董忠司教授（原任新竹師院臺灣語言研究所長）任教「臺灣語文傳播學」和「臺灣語文教學與實習」、樊祥麟教授（中央日報副總編輯兼採訪主任）任教「採訪、編輯與出版」，和莫素微教授（勁報日文編譯主任）講授「鄉土報導文學與創作」、「臺灣影視文化與文學」課程。另有小說家鄭清文先生，精通日、英語等，任教「台外文學比較」，非常勝任。

而「畢業論文」和「臺灣文學作品集編寫」二課程的指導老師，則有巫永福、陳千武、葉石濤等等數十位台文先行者，願意爲學生啓蒙；這在拙文〈臺灣文學先行者的風範〉一文（詳後）中，已詳及了。

由上所述，可知大學的臺灣文學教育師資，實在是不虞匱乏，清華、成大、北師大等等學校，也有許多專家學者可以借重。大學碩士、博士生研究台文的日多，成大且在二〇〇〇年八月創設了臺灣文學研究所，師資更有正式的、專業的管道培育，遠景可期。

臺灣文學先行者的風範

本校（眞理大學）臺灣文學系二〇〇〇年四年級學生有「畢業論文」或「臺灣文學作品集編寫」的必修課程（二選一），這是因爲本系並重理論與實務，有作品，對學生未來進修或就業，都比較有幫助。爲了使學生作品有修改、增補的時間，不致延期畢業，因而提前於三年級下學期，即千禧年二月起開始實施。由於需要專家學者的指導，學生人數多，本系專任教師不夠配應，有必要聘請校外專家幫忙。

於是，筆者致函數十位校外的專業人士，請求同意指導學生。而指導理應支奉指導費，學生多，數目可觀，筆者於函中說：暫支每篇論文三千元，微薄之至；俟獲得補助，再予調整。

臺灣文學先行者、專家、學者等，除了少數一、二位因爲特殊情況未便同意之外，回函均表同意；多位並謬獎此舉對學生和臺灣文學的發展很有助益。

熱心的先行者數十位，無法在此一一具列其名；不過，特別令人感佩的，在此特申敬意，他們是：

巫永福、陳千武、葉石濤、趙天儀、李喬、向陽、吳晟、陳義芝、焦桐、林建隆、曾心儀、陳恆嘉、蕭蕭、白靈、、、

名單中有巫老、陳千武、葉老等等臺灣文學界國寶，也有學院中很負盛名的學者、作家，以及著名的副刊報人。在此特別要提出的是農村詩人吳晟老師，一般都以爲他足不出彰化，爲了臺灣文學後進的教育，他在回函上寫道：「多謝相邀。」眞是給人極大的驚喜！回想一九九九年年初，本系「臺灣民間文學與田野考察」課程擬請陳益源先生兼授，陳教授以太忙婉辭；過年陳教授向其恩師吳先生拜年時提及此事，吳先生力促甚至是命令似的要他接受。吳先生可以說是本系的貴人，他就是這麼一位默默爲臺灣土地、臺灣文學奉獻的英雄！

啓蒙指導一位初出茅廬的後進，何其辛苦！而先行者不計一切，又是何等的風範！本校系何其有幸得到這麼多臺灣文學界大師、國寶、專家學者的指導。希望學生們認眞努力，不要辜負先行者的一片苦心。

甘願做二十年白工的老教授

一地有一地的名稱，命名的方法很多，命了名之後可能會更改，爲什麼呢？怎麼改？它和當時的政治、社會、地理，甚至文學、美學，有什麼關聯？在在都是學問。這一連串的內容，構成了「地名學」。由一個地名的沿革，就可以掌握地理學的許多重點。

一九九八年六月，筆者先期「流浪到淡水」，爲成立不及一年的臺灣文學系做義務，重新設計本土課程。鑒於過去都沒有「臺灣地理」的教育課程，以致國人對自己的生活圈、社區、國家的情況，一問三不知；甚至有人以爲搭火車南下，先到雲林再到彰化；又有人責問航空公司要到馬公，爲什麼給他到澎湖的機票？有一天，筆者問了朋友，知道臺灣師範大學地理系所退休教授陳國章先生，是臺灣地名學的權威，「地名學」就是他創用的；他正是臺灣文學系需要聘請的老師！

於是在一個週休的星期六上午，到他的研究室碰碰運氣。他以校爲家，跟他歡談之下，他主張把「臺灣地理」課名改稱「臺灣地名與地理」，並願意考慮八月起每週來淡水授課。

前些年，在師範大學退休時，他已捐出部份退休金作爲基金，獎助師範大學地理、歷史系所學生的優秀論著出版。二〇〇〇年初，他知道眞理大學臺灣文學系四年級學生要寫「畢業論文」，他的愛心又啓動了，也決定捐款一百萬元，孳息獎助優秀論文出版；在辦法中更擴及「畢業三年內的學生」，考慮得眞周到！

這一百萬元，陳教授透露有一半是女兒淑君小姐捐的。陳小姐已認養了幾位非洲等地的貧童；愛臺灣的陳教授，要她也一起來爲自己的土地奉獻心力。僅作家庭主婦的她，和夫婿商量，以父母的名義樂捐，愛心加孝心，陳府全家上下的仁風義舉，又豈是本校一張感謝狀可以答謝得了的？

陳教授每週二小時的鐘點費，要上二十多年才有百萬之譜；而他退休已數年，他的愛心由此可以得到證明！他每說他是看到筆者由國立台北師範學院辭職，不顧級職降低，到淡水來無暝無日爲臺灣文學奉獻，而深受感動的。其實筆者才欽佩他；其他許多兼任老師也遠從由嘉義、沙鹿、基隆等地，到冬冷夏熱的淡水，絲毫也不辭辛勞。陳老師更是「財施、法施」，完全是爲臺灣，爲臺灣子弟。臺灣文學系的學生眞該知福惜福，努力充實自己，將來才能貢獻所學，師法陳教授的臺灣眞精神！

臺灣文學系徽寓有深意

——施並錫教授精心設計

> 它的主旨是：位在臺灣頭的本系學生勤筆耕臺灣文學田；因此，它以臺灣的象徵甘藷爲主體造形。在飽滿、可愛的臺灣綠色土地上，學生個個如年輕的農夫，持大筆，執牛耳，埋頭而勤奮地「耕作」。

歲月如飛，淡水眞理大學臺灣文學系已設立了三年，明年將有畢業生。可是和本校的前身牛津學堂，或世界其他古老大學的科系比起來，本系尙年輕，有無限的未來要經營。爲了牽引全系師生發展的方向，宜有系徽作爲「圖騰」；這是筆者兩年來所常置懷，念念不忘的事。

二〇〇〇年七月間，筆者爲藝文雙棲的臺灣本土大畫手、臺灣師範大學美術系施並錫教授出版的《細水長流》畫集，撰文評介。不久，猛然想起，何不就央請施先生設計系徽呢？於是將此意請教他，他一心爲臺灣，欣然答應，令人萬分感激。

思捷筆快，系徽設計完成了。它的主旨是：位在臺灣頭的本系學生勤筆耕臺灣文學田；因此，它以臺灣的象徵——甘藷爲主體造形。在飽滿、可愛的臺灣綠色土地上，學生個個如年輕的農夫，持大筆，執牛耳，埋頭（象徵本校的大學理念「謙遜」）而勤奮地「耕作」。牛的造形，壯碩而馴良，充滿生命力。牛對臺灣過去的農業、經濟、國力的貢獻極大，過去文人學者多所描述、闡發，施教授也曾出版《牛事一牛車》（一九九七年草根文化出版）一書，對臺灣水牛作許多藝術的美贊，自序說：「我推崇牛那吃苦耐勞的天性，足爲吾人法。我畫牛，因爲我景仰牛所象徵的精神意義之偉大。」書中，藉由他的畫筆繪出四十七幅情態不同的牛隻，臺灣人勤懇的眞精神表露無遺。「臺灣之子」陳水扁總統今年九月五日視察台中縣土牛國小等地震災區學校重建情形時，曾引喻說：「地牛翻身，土牛重生」，並說：他本人就像土牛，也喜歡土牛；所謂「臺灣之子」就是土牛，臺灣之子的精神就是土牛的精神。土牛就是指臺灣本土的水牛；牠們與臺灣土地、臺灣人民息息相關。

施教授更用心的是：系徽中的人和牛都有一腳跨出島外，象徵研究臺灣文學者的心態不可狹隘，並不以臺灣本土爲滿足，應具有國際觀、世界性的思考。系徽的寓意極爲深遠。

對於系徽，葉能哲校長也大爲讚賞，尤其說以水牛表示農作甚爲貼切。他也希望臺灣文學系學生以水牛的精神，全力墾拓臺灣文學的土地，建設臺灣的未來吧！

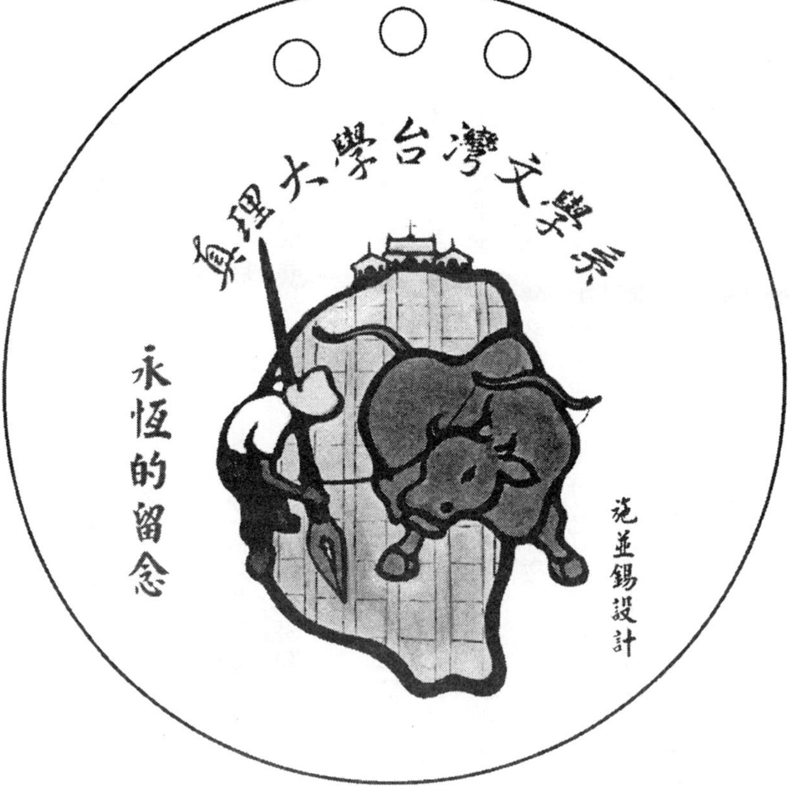

→施並錫教授設計的系徽中的人和牛都有一腳跨出島外，象徵研究臺灣文學者不以臺灣本土爲滿足，應具有世界性的思考。

真理大學臺灣文學系無法設所的祕辛

筆者在一九九八年八月到眞理大學臺灣文學系做工以來，在葉校長、同人和社會許多人士的抬愛下，系務推展都很順利；唯獨申請設立研究所一事，遇到了瓶頸，得向大家道歉。

本系既是臺灣四百年第一所文學系，爲栽培人才，籌設研究所碩、博士班，一貫的管道，是順理成章，也是責無旁貸的事；但是，人謀不臧，以致事與願違；一九九九年秋中正大學施懿琳教授在《文訊》雜誌撰文，所謂的「北眞理，南成功」同時設所招生的美夢，已然破滅！在此，筆者有責任交代其原委。

一九九七年本校擬改名大學，據聞當時教育部高教司黃司長說：貴校一個研究所也沒有，改名實有困難。確實本校自一八七二年，馬偕博士設立臺灣第一所新式大學的「理學堂大書院」（通稱「牛津學堂」），後有蔡培火等人擬設靈光理學院，經更名淡水工商專科學校，二十多年後升格爲工商管理學院。至一九九七年已設有四學院十八個系，超過設立大學三院九系的規定；而且本校在當近三十年校長的葉能哲博士主持下，辦得有聲有色，設所何難之有？因此，次年即先核准成立數理、管理二研究所；當時並決議各學院先後合設一所，所下分組，以後再視情況由各系獨立設所。

於是，一九九八年九月，宗教系老闆陳志榮奉命要筆者擬一份四十學分的課程；但此後他就從沒和筆者或本系同人接洽、溝通過。他彙整四系（另有外國語文、應用日語系）的課程呈報。一九九九年六七月間，被教育部以四系課程領域差別太大，不易整合而退件。

這之後，應日系擬獨立申請，外文系則因若干條件尙未成熟，而擬暫緩申設；只餘台文和宗教二系合設。但至二〇〇〇年元月，教部核准宗教系設碩士班，而並非二系合設的研究所。本系在一九九九年十一月十九日的系務會議中，把其中的重要經過都報告過了，現引用會議紀錄如下：（陳主任去年八月始升教授，並被校長任爲院長，非經選舉。）

二〇〇〇年九月十四日開學，見《眞理大學報導》第一期，才知原來人文學院四系合設的研究所名爲「語言文化科學研究所」。此一名稱對四系，尤其對臺灣文學，均不搭調，難怪被退件。

十月七日中午，得知陳院長以「宗教與文化研究所」爲名，於九月三十日呈報教育部。此舉徹底把台文系吃掉，「臺灣文學」與「宗教」、「文化」均不相涉。

十一月五日，教育部審查小組專家果然駁回上項申請要求，謂「宗教文化」和「臺灣文學」難以整合，於十五日前再修改報部。

十一月十日下午一時半，本欲召開臨時院務會議，後院長又改爲中午十二時。本人有公事外出，未克出席。會中未經表決或投票，陳志榮即逕行謂會議決議：各系單獨設所。此舉除違反教育部「兩系統整設所」之命令外，亦違反議事規則。又將本系徹底甩掉。本系礙難接受。

本系會議的決議是：㈠人文學院長在整個過程中，均未與本系同人商量，無疑當負行政及不和的責任。㈡本系另組成籌設臺灣文學研究所碩、博士班計畫小組。本校既已千辛萬苦創立台文系，研究所如能繼續開設，則於臺灣、臺灣文學之貢獻，歷史必予以肯定。

筆者之能力實有限，設所事的「敗筆」理應負責任，加上家醜不宜外揚，今爲存歷史之眞而不得已；故早已決定學期末辭卸兼職，將建議陳院長兼任，給予將功贖罪的機會。請全國關心台文的朋友一起來關注未來台文系所的發展。

附錄：

陳志榮所謂「澄清聲明」

貴報日前「文學臺灣」專欄刊載本院臺灣文學系（以下簡稱台文系）林政華主任「台文系無法設所的背後」一文，所提有關本院申設研究所過程之事，其中有數項誤會，謹此提出澄清說明，敬請刊載。

一、本院原提由台文系與宗教系合設研究所一案，因顧及台文、宗教二系名稱差異太大，故以「宗教與文化研究所」爲名。此案經教育部審查，指出「宗教加文化兩不相干，又不是分成兩組，設所理念模糊」。意謂即使以「文化」爲名，仍恐與宗教之名難合。爲因應於此，本院乃召開臨時院務會議討論處理方式以爲答覆。

二、此次臨時院務會議專爲討論研究所申設之事，原提有兩項方案：

1.「就原案再分成臺灣文學、宗教二組，並再議定所名」。

2.「改由單一學系提出增設碩士班之申請」。

會議討論結果，採第二案，由各系各自提出增設碩士班之申請，此乃經與會者一致同意通過，會議記（紀）錄亦經各主任審閱無誤始簽名，非林主任所謂「會中未經表決或投票，院長即逕行謂會議決議：各系單獨設所」。

三、本院會議之召開時間，均事前徵詢過本院各系主任同意後始訂定。此次臨時院務會議時間之變動，亦先徵詢過各系主任同意始定。

四、教育部並無林主任所稱之「兩系應統整設所」之命令。就教育部來函之審查意見，反而傾向兩學系分別設所。

五、在二〇〇〇年元月一日教育部公佈增設系所審查結果之前，台文系已先於一九九九年十二月十四日召開「臺灣文學系籌設研究所碩、博士班第一次籌設小組會議」，積極進行籌設工作，故對其於今發表「台文系無法設所」之文實難理解。期望台文系儘早提出申請，待其二〇〇一年有畢業生時，即能提供學生繼續進修之管道。

六、本院台文系林主任係霧峰林家後裔，對臺灣文學之發展有其使命感，故願自國立台北師範學院轉至本校服務，實令人感佩。林主任任職至今亦盡心盡力，貢獻良多。今若為申設研究所過程之事滋生誤會而萌生辭意，實非本院所願。希望林主任能繼續留任，為臺灣文學之發展打拚（華按：當作「拚」）。（按：本件實為其助理林志欽所寫）

兩個嘴唇含一個舌

——由臺灣諺語談起（駁議）

眞理大學台文系開設有「臺灣各族群諺語與應用」課程；因爲諺語是台人生活智慧和經驗的結晶，用簡短的一兩句話，就傳達了很深刻的涵意。家母常要我們不要學那些空口說白話的人，說他們「兩個嘴唇含一個舌——說黑的是他，說白的也是他」。

民衆副刊二〇〇〇年四月廿二日「來函照登」眞大人文學院（未具院長陳志榮名）的「澄清聲明」六點，是針對四月六日拙文〈台文系不能設所的背後〉而發。其實它是陳院長兩個嘴唇的功夫，每一點都不「清」欠「明」，不合本校所最重視的「眞理」眞相。筆者不得不在此一一加以駁覆：

第一、四點：拙文謂宗教系陳主任未與台文系商量，私自用「宗教與文化研究所」吃掉台文系之名稱報部，以致教育部駁下，謂「宗教加文化兩不相干，又不是分成兩組，設所理念模糊。」陳主任以其語文程度解讀教部之意說：「意謂即以『文化』爲名，仍恐與宗教之名難合。」令人不知所云。教部之意實指：

「宗教」加「文化」（作爲研究所名稱，與「宗教系」、「臺灣文學系」）兩（系之性質）不相干，（所呈「宗教與文化」是「一個」研究所之名）又不是分成兩組，（所以二系合設一所，所名應該包括二系的宗旨；如今並非如此，可見）設所理念模糊。」可知教育部其實是命令本校宗教、台文二系必須合設一所。陳主任有「有看沒有懂」，竟片面決定：「由單一學系申請設所」，而把台文系甩掉。

第二、三點：關鍵的八十八年（一九九九年）十一月十一日第一次臨時院務務會議，確由當日上午陳院長私自改期，請記錄先生臨時通知，之前並未徵詢各系主任之意見，以致本人因公外出，無法參加。據記錄先生言：會議中，外文系主任謂目前系內條件不足，不能單獨設所，與他系合設則尚可。院長並未表決或投票，即逕命說：那麼，我們就由各系單獨申請設所。此次會議紀錄經本人一再催促，才於一九九九年十二月十四日下午發給各系，上頭僅陳院長及記錄先生簽名（請詳所附影印本）。可見「澄清聲明」中謂：「會議記（當作「紀」）錄亦經各主任審閱無誤始簽名」，無疑是「講白賊話」；整份會議紀錄也不足採信。

第五點：本系於上述十一月十一日被陳院長甩掉，無法設所（獨立設所最晚須於十五日提出，僅三四天叫本系如何籌設？）之後，基於對學生及社會大眾之關心，召開系務會議，決定明年單獨設所，不與宗教系合設，而且碩、博士班同時提出申請。到了十二月十四日召開籌設小組會議。本系並不知教部何時公佈審查增設系所之結果；因此，並非陳院長深文周納所稱：本系搶在公佈之前「積極進行籌設工作」。

第六點：陳院長對本人謬獎，要本人繼續爲台文打拚（當作「拚」），跡近肉麻；如早有此美意，爲何先後吃掉再甩掉台文系？事實上，在去年九月十三日下午，他在已有院長個人專用助理，以及祕書之外，又擬調離本系助理，使系務頓失股肱；本人當面予以拒絕，四時廿五分，彼謂：「你不會電腦，那就應當下台。」身兼宗教主任、院長、下學年又將兼宗教所長三職於一身的陳院長，再兼台文系，又有何不可？在此凍省、國大虛級化的潮流中，節省人事冗費，虛化學校院長級或一身兼數主任，亦爲時潮所趨。

本人凡前文所寫句句屬實，人生半百多走來，始終如一，絕無半句假話，不合庭訓。近一年來，陳院長每有不利本系之言行，本人即告知學校，所有資料文件俱在，歡迎覆按。本校既名爲「眞理」，爲維護校譽，加上系名「臺灣文學」，爲保「臺灣」眞精神，凜於臺灣諺語「兩個嘴唇」之深中人心，乃駁覆如上。家務事浪費報紙寶貴篇幅，有擾萬千讀者清聽，謹再度向大家致歉。話止於此。

臺灣文學重視本土

——由台文系課程了解臺灣文學

前言

已過世的台大中文系臺主任，曾對著想撰寫臺灣文學論文的日本留學生岡崎郁子說：「臺灣有文學嗎？」十幾二十年後的今天，岡崎成了國際知名的臺灣文學研究者，而那句經她傳出的話，也成了國際大笑話！

這幾年來，臺灣文學成了臺灣的顯學，在國際學術上也差不多。臺灣文學的各種活動、會議，經常舉辦；不止是文學，一切本土化是全台無法抵擋的大趨勢、主潮流。臺灣的歷史、地理、信仰、社會、古蹟、文化等，以至臺灣人的心理、生活、精神、性格等等，也是所有臺灣人應先去探討、了解和學習的；文學只是其中的一環。試問不了解自己的周遭——土地、人民以及生活的種種，如何追求其他呢？

世間學問，有許多是可以有廣義、狹義之分；但是，在過去長期被殖民的臺灣來說，臺灣文學只能從本土的立場去界定，才能有自立性，才能完全脫離被殖民、被奴化的龐大陰影，而當家作主！否則，臺灣文學乃至臺灣文化、整個臺灣，就無法走出過去，邁向自主的未來。

因此，所謂臺灣文學，簡單一點的說就是：以臺灣爲主體去思考而創造出來，含有臺灣人性格、愛、觀念或精神的文學作品。其中要有「臺灣特有」的東西，不能只是過去殖民政權控制下的影子，沒有自己的主體性在；這樣，才能開創出臺灣自己的特色，在世界文壇上佔有一席之地。試問諾貝爾文學獎會去獎勵那些人云亦云，拾人牙慧而沒有獨特性、創造力、可資借鏡的作品嗎？很多具有特殊地域色彩、民族性格的作品，這些年不是經常受到舉世的肯定嗎？

基於上述的認知，筆者在一九九八年六月下旬，就義務重新規畫臺灣四百年第一系——淡水學院臺灣文學系的四年課程，就是完全以本土爲主體觀點設計，並且在八月承乏擔任系務起加以推動、落實。雖然聘請師資不易，但到目前爲止，均一一克服困難，而有陳國章、李喬、鄭清文、向陽、蕭蕭、白靈先生等等著名學人任教。

本文

那麼，台文系究竟有些什麼課程，來訓練學生的專業、專門知識呢？它一共有四十多門，可以依照下述的設計構想來加以說明。由中，讀者定能入門臺灣文學，初步認識臺灣文學。

一、認識「臺灣」：這方面的課程，有：『臺灣歷史與評論』——以評論的方式來講臺灣歷史，要有本土的觀點。『臺灣地名與地理』——有別於一般的臺灣地理學；它是由地名的沿革立場來談臺灣地理，學生不覺枯燥，且能立刻受用。『臺灣文化信仰與社會』——除一般的臺灣文化概論之外，本課程也希望旁及宗教信仰及社會變遷，這些與文化息息相關的內涵。『臺灣語言學概論』——語言是文學的基礎；臺灣有河洛語、客語、華語和先住民語；要記音，目前方式太多不是件易事，值得多方深入探討。『鄉土理念與文學』——是認識本土、了解臺灣，以及它和文學間關係的重要課程；學生如果不以臺灣爲主體而思考各方面，則白來了這一趟。『臺灣先住民歷史與社會』——臺灣先住民先漢人在台，歷史悠久，其社會和漢族不同；學生多加了解，對大三「臺灣先住民文學與文化」課程，是必要的準備。『臺灣各族群諺語及應用』——諺語是先民智慧、經驗的結晶，而用最經濟的語句表現，可謂字字珠璣，精切已極。『臺灣各族群歌謠及吟唱』——歌謠是民族心聲的韻律表現；臺灣各族群均有可泣可歌的豐富謠唱，從中可以了解三四百年間台人的心聲與生活。

二、認識「文學」：文學是一門體大思精的語文藝術，全世界一致，臺灣文學有些知識與觀念，還是外來的；因此，不只要了解臺灣的文學，也要有「世界觀」。這方面的課程，設計有：『世界文學概論』——一般大學院校只標「文學概論」；加標「世界」，使其名實相副，並時時提醒學生要有世界觀。「世界語言學概論」——上言語言是文學的基礎；語言學無可諱言的，是由外國「進口」的，因此，要先了解世界語言學，再能面對臺灣多聲交響的語言現象而加以研究。『現代散文選讀與創作』、『現代詩欣賞與創作』、『現代小說研讀與創作』——這三門課程不限於本土，而是全方位的了解臺灣現代文學的三個重要面向。至於戲劇方面，則有「臺灣傳統戲劇」和「臺灣影視文化與文學」，作歷史性的延伸至現代戲劇。『美學與文學』——文學是藝術，而藝術以審美爲訴求。文學之美是吾人所追求的；由美學看文學，認識文學，將更爲深刻。

三、探討「臺灣文學」：以下的課程多半排在二、三年級。『臺灣文學流變史』——講授三百多年間臺灣文學的源流演變，包括其中的人事地物、大趨勢、派別，以及影響。各時期分述，有：『臺灣古典散文選讀』、『臺灣古典韻文賞析』——專門探討臺灣新文學之前二三百年的臺灣本土作品及作家。『戰前臺灣新文學』、『皇民文學評述』、『戰後初期臺灣文學』、『當代臺灣文學思潮』等四科——把臺灣新文學細分，因而可以更深入的探究；這是本系課程的特色與重頭戲之一。而『臺灣兒童少年文學與創作』——則是希望臺灣文學的種籽扎根在兒童少年身上，具有務實和前瞻的眼光。至於『臺灣美術與文學』——則企圖將美術與台文集合，用另一角度看文學，也同時開展文學的美術視窗，終將表現出台文的特色來。

四、「透析臺灣文學」：經過上述第三類探討性的課程紹介之後，則有更深刻的透析臺灣文學內涵的科目有：『臺灣新文學小說名著』、『臺灣散文名家研究』、『臺灣新詩專題』——較上述『現代』三課程更具專門性、本土化。而『臺灣河洛語文學各體與創作』、『臺灣客家文學歷史與各體創作』、『臺灣先住民文學與文化』，乃至『臺灣各族群神話與傳說』等——既重視多元，又重視文學的源頭與思想空間。又：『臺灣民間文學及田野考察』——也強調以科學方法來蒐集民間文學資料，在方法上與『臺灣文學資料蒐集與應用』——異曲同工而又方面廣泛。最後是『臺灣文學理論與批評』——更是建立臺灣文學本土主體性，所必須有的課程與教學領域。

五、「比較與應用臺灣文學」：臺灣文學的研究與教學既有上述的基礎，接著要端上世界文學舞台，與落實生活層面——就學生未來而言，即是和他們的生涯規畫相結合；因此，實用性的課程也要開設。前者即是『台日文學對譯與實作』和『台外文學比較與批評』。後者，則有『臺灣語文傳播學』、『臺灣語文教學與實習』、『採訪編輯與出版』、『鄉土報導文學與創作』和『臺灣影視文化與文學』——含蓋五種以上的應用面向。而『臺灣文學性別問題研討』——旨在由過去臺灣社會兩性不平等的陰影中走出，探討今後的對等之道，貌似無關實用其用卻至大。

另有一重頭戲，即是『文學論文寫作指導』和『畢業論文』一組，或是『臺灣文學創作經驗與方法』、『臺灣文學作品集編寫』一組了，二者任擇其一——爲必修。希望學生在選擇學術研究與作品編寫上，自由的、確定的處理，不要到了畢業仍茫茫然不知自己的興趣所在、未來方向何在？日後要擁有宏揚臺灣文學的基本功夫，必須在學校中養成和具備！

結語

以上凡四十七門課程，粗略的介紹設計的邏輯和構想，讀者由中可以大致了解臺灣文學的豐富而深刻的內涵；以及科際整合，和其他學問的相關性。對要自修台文或探究台文的內容特質的人，也可加參考。

揭開臺灣文學系課程的神秘面紗？

香港所謂「回歸」中國的一九九七年，早先四個多月，臺灣第一所臺灣文學系奉准設立，在美麗淡水紅毛城旁眞理大學內。多年以來，仍有少許人以爲臺文系是搞臺獨的。請大家看了課程，就知道我們有沒有神秘面紗？

在「發行量」很大的臺文系簡介中，我們列的教學方向有五：第一條最重要：爲認識「臺灣」，了解「文學」，並加以應用、推廣，使臺灣文學更加茁長、發展，成爲建構臺灣文化工程的重要角色。

二爲以客觀而嚴謹的學術態度。從事研究後，再傳授臺灣各族群語言及所創作的文學作品。

三爲教學研探的範圍，廣及臺灣四百年間的各項文學體裁與口傳文學內容。

四爲兼顧理論研究與實作演練，立足臺灣本土，放眼世界，養成大國民的胸襟與能力。

五爲培養學生成爲臺灣文學、語言的研究人才、創作人才，或傳播、教育、導覽人才。

看了這些教學目標方向，也許有人會認爲「冠冕堂皇」，臺灣那一個系不是這麼「膨風」的呢？那麼，我們只好端出貨眞價實的四十七道「牛肉」課程了：

上述「認識臺灣」的課程：由於過去中小學極少有認識自己土地的課程，所以，本系學生須必修「臺灣地名與地理」、「臺灣歷史與評論」、「鄉土理念與文學」、「臺灣語言學概論」和「臺灣文學導論」、「臺灣文化信仰與社會」等。

「認識文學的課程」的課程：本系學生來源爲全國各高中、高職，也有各種專校的轉學生、大學的轉系生，過去文學的基本訓練不齊，因此有必要修習「世界文學概論」、「臺外文學比較」，選修「美學與文學」等課程。

「探討臺灣文學」的課程：一般大學都只開一門，如：「臺灣文學」或「臺灣新文學」而已；本系既以臺灣文學爲專業，我們細分爲下列五個課程，師生專精深入地探討：「戰前臺灣新文學」、「皇民文學評述」、「戰後初期臺灣文學」、「當代臺灣文學」和「臺灣文學流變史」。此外，從古典到現代的課程，有「臺灣古典散文選讀」、「臺灣古典韻文賞析」、「現代散文選讀與創作」、「現代詩欣賞與創作」、「現代小說研讀與創作」、「臺灣傳統戲劇」和「臺灣兒童少年文學與創作」等；多半開在大二。

而「透析臺灣文學」的課程，多半開在大三，例如：「臺灣散文名家研究」、「臺灣新詩專題」、「臺灣新文學小說名著」和「臺灣文學理論與批評」。

「應用臺灣文學」的課程，比較集中在大四，爲未來就業或進修作準備。例如：「臺灣語文傳播學」、「臺灣語文教學與實習」、「採訪編輯與出版」、「鄉土文學報導與創作」、「臺灣民間文學與田野考察」和「臺灣影視文化與文學」等等。

語言爲文學的基礎。過去國民黨政府打壓母語，本系雖是文學系，但無寧說在觀念及課程上「並重語、文」。語文的相關課程多，如：「臺灣各族群諺語與歌謠」、「臺日文學對譯與實作」、「臺灣河洛語文學與各體創作」、「臺灣客家文學史與各體創作」、「臺灣各族群神話與傳說」等等。即使「臺灣先住民歷史與社會」、「臺灣先住民文學與文化」，不也是需要懂先住民語嗎？

最後，本系「並重臺灣文學的理論與實務」，雙管齊下，栽培英才，由上述「研究」、「創作」、「實作」等等名稱，即可看出。而更明顯的是提前於大三下學期即進行「畢業論文」或「臺灣文學作品集編寫」課程，要撰寫三萬以上的書面文字。本系除了開授「文學論文寫作指導」和「臺灣文學創作經驗與方法」，請專家學者集體講解，供學生選修外，又另請校內、外專家個別指導。此舉普遍獲得回響和好評，非常感激臺灣文學先行者啓發後進，不計名利的風範。

由上述，臺灣文學系重視本土，胸懷世界，也有腳踏實地，帶領後進「進軍國際」的遠大理想；但絕對沒有政治意識型態在其中。總歸一句：本系的課程原沒有什麼神秘面紗可揭。

臺灣文學系的核心課程

在二〇〇〇年底，有某家出版社，爲了明年以後將有許多所大學設立臺灣文學系，而想和目前國內唯一的臺灣文學系合作，編纂一套多册的教科書；本系自是義不容辭。由於有許多大學來索取本系的課程、師資等的簡介資料參考，而本系簡介中並未將核心課程列出；因此，有先了解台文系核心課程的必要。

但說到臺灣文學系的核心課程，有點言人人殊。依筆者管見，由純粹臺灣本土文學的立場來說，臺灣歷史、臺灣地理、臺灣語言（尤其是母語）、臺灣文化、臺灣民俗等課程，過去的中、小學教育多付闕如，因此都是「基礎」課程，學生需必修，但並不是「核心課程」。

核心課程應該是下列三方面課程：一爲「臺灣古典文學」課程，包括：詩歌、歌仔簿、散文、小說和戲劇等。像本系開授有「臺灣古典韻文賞析」（歌仔簿可含入）、「臺灣古典散文選讀」、「臺灣傳統戲劇」、「臺灣先住民文學與文化」等四門課程。臺灣古典小說作品較少，列入古典散文（小說是一種散文體作品）中加以介紹。

二爲「臺灣本土新文學」，依時代分，則有：日據時期臺灣新文學、皇民文學、戰後初期臺灣新文學等三大類。如依文體分，仍和一般分法一樣，新詩、散文、小說和戲劇四大類都應涵括。像本系依時代區分，而將詩、小說等體裁的內容納入講授，因此開設了「戰前臺灣新文學」、「皇民文學評述」和「戰後初期臺灣文學」等三門課程。

三爲「當代臺灣本土文學」，內容也應含新詩、散文、小說、戲劇等四種體裁內容。本系即開有「當代臺灣文學思潮」一門；重點放在「思潮」上，具有思想性與執簡馭繁的用意在。不僅如此，在當代臺灣本土文學中，尚有各族群母語的文學很興盛，形成臺灣本土特有的文學景象；因此，本系開授有「臺灣河洛語文學與創作」、「臺灣客家文學史與各體創作」和「臺灣先住民新文學」。

至於在一、二年級可以講授「本土理念與文學」，因爲現階段必要加強學生的本土觀念，和以臺灣爲主體思考的文學認同觀。又有「臺灣文學概論」，是概括敘述臺灣文學的各種基本知識與觀念。還有「臺灣文學史」，則在大體敘述三四百年來臺灣文學各相關方面的流變，而建立正確的觀念。本系即因而開有「本土理念與文學」、「臺灣文學導論」和「臺灣文學流變史」三門課程，均爲必修課，因爲是核心課程。

另有「臺灣文學欣賞與評論」課，則旨在分析、欣賞以至批評臺灣本土詩、散文、小說、戲劇等文學作品，並建立起一套臺灣文學的理論架構，來和外國文學比較，而可開授「台外文學比較與批評」課程。至於其他基礎、延伸以及應用課程，則衡酌各校系師資情況，加以設計。又列爲必修或選修，也視系同人的觀點加以研定了。

臺灣文學觀念與教育

尋找使命感

淡水學院的葉校長，要筆者一九九八年八月去擔任該校臺灣文學系的教授兼系主任，爲好不容易才報准成立一年的臺灣第一個台文系學生，多教導、照顧，也爲臺灣這塊我們所生活的土地，以及土地上的人民，多奉獻心力。筆者欣然答應，爲什麼呢？

如果說起實際的情況，由於公私立學校的制度不同，以後的薪水減少很多；而且沒法享受七年休假一年的權利。但是，這些筆者都置之度外，到底爲什麼呢？

總歸一句話，就是筆者是奉著心中那一股「使命感」而去的；爲了完成自己身爲臺灣一份子當盡一份愛鄉土、愛臺灣的力量；這樣，才算盡到自己應盡的責任，也心安理得。臺灣是我們的家，我們的國；那有人可以不愛自己的家庭、自己的國土的呢？

世界無奇不有，事實上臺灣就有少數吃裡扒外，胳臂往文攻武嚇臺灣的敵國彎的。其他姑且不談，只說內人有一閒姓同事，平日長於「理財」吸金，趕在五十五歲退休，又多得了三四十萬元。退休後，總數拿了幾千萬移民中國，孝敬敵人去了；這且不打緊，她還完全與她生活數十年、養她數十年的臺灣人地事物，完全一刀兩斷，絕不再相往來。

過河拆橋，刻薄寡恩的嘴臉，完全洩露！

面對這樣的情勢，熱愛臺灣的人怎可不加重自己的使命感，喚醒民心士氣呢？

確立臺灣爲思考問題的主體，建立臺灣爲世界最進步、民主和法治的安樂國度，是全臺灣同胞共同的「使命感」！

附錄：一九九八年生日感言

揮別國北「流浪到淡水」
牽引更多的臺灣子弟
奉獻更大的文學熱力
福爾摩莎的未來就在大家的手裡

熱愛鄉土

鄉土是我們生活的「土」地，有一天你離開了，它便成爲你思念的故「鄉」，哪有不愛它的呢？

但是，人的欲望永遠不容易滿足，尤其年輕族志在四方，往往不重視自己的鄉土，沒爲鄉土奉獻什麼心力，老來雖然葉落歸根，但總有心餘力絀、時不我予的遺憾。德國思想家兼文學家赫塞，早就提醒我們下面的一段話：

「你說你不滿足於自己的故鄉嗎?你說你認識一塊更美、更豐富、更溫暖的土地?於是，你追求你的理想而出發去旅行了。你飄泊到更美、陽光更充分的他國。——可是，請你等一下，不要讚賞太早。只有幾年，或者更短，起先的喜悅和好奇心都消失了。於是你爬到山頂上，尋找你故鄉的方位。故鄉的山丘，是多麼柔和，多麼翠綠啊！你就開始省悟和感慨，那裡依然有你小時遊玩的家和庭院，那裡還親人著你聖潔的青春回憶，那裡還躺著你的母親！」

離鄉，好像距離年輕族很遙遠；其實不然，時光飛快，多少人不久就要離鄉，爬向望鄉的山丘；而因學業、事業的關係，回鄉往往遙遙無期，常留許多遺憾。因此，我們在鄉時，要多爲它奉獻；離鄉在外時，也不忘愛護它、幫助它。鄉土永遠牽繫著每一個人的心！

附錄：文學必須植根於本土生活（聯合報宇文正專訪）

強調「文學來自土地」、爲臺灣文學「流浪到淡水」，林政華亟待他的文學熱力在淡水學院生根茁壯。

他說：「土地長養一切生物，提供生活，生活精粹地反映在文學上，因此，文學必須植根於本土生活。而相當重視本土文學的葉石濤先生也曾舉世界文學爲例，許多文學名著都與土地有關，如蕭洛霍夫的《靜靜的頓河》、羅曼羅蘭的《約翰・克利斯朵夫》等都是。」臺灣這片土地亦滋養了豐美的文學果實，不論是苦難的、富裕的時代，單純的、複雜的社會……在紛繁快速的變遷中，文學映照這一切。

在這片土地上，林政華埋首「臺灣文學系」的建構。繁重的系務之外，又要參與社會文化推廣工作，化實際經驗爲相關學識，用在課堂上，以培育「正港」的臺灣子弟。他笑談：「先師屈萬里院士曾有二句詩形容系主任：『官如芝麻大，事比牛毛多。』」正是他目前工作的寫照！

臺灣文學系跟中文系最大的不同，在於沒有中國古典文學的課程，取代的是認識臺灣、探討透析臺灣文學，及應用臺灣文學等面向。因此臺灣文學之外，臺灣歷史、地理、文化信仰與社會，臺灣語文傳播、影視文化等等，都在學習的範圍。並強調語言與文學並重、理論研究與實作兼顧。

林政華說明課程安排上雖然並未顯示中國詩、詞、曲等名稱，但是教學時還是會上溯其源流，推到明清鄭成功以降四百年來的臺灣文學。譬如：「臺灣古典韻文賞析」課程中，凡與臺灣本土有關的詩詞也都在講授的範疇。

至於中國古典文學這一偌大系統，他認為那是外國文學，在國中、高中六年國文課的學習已經足夠，「大學應是專業的學習，臺灣文學系當然就是學專業的臺灣文學。」

也許身上流動的是改革家的血液，新系建構的工作雖繁重，思及自己是霧峰林家子弟，前輩如其叔公林獻堂在日據時代對臺灣貢獻良多，林政華對於自己的選擇毫不後悔，他說：「我的下半輩子，要為臺灣文學竭盡心力！」（一九九六年六月十三日，宇文正專訪，刊聯合報副刊「文學之春」系列之十七）

臺灣文學的未來

——籲請總統宣示本土化爲國策

我們要理眞氣和說：臺灣不是中國領土，在過去長遠的歷史中，中國何曾統治過臺灣一天？何曾收過一毛稅？臺灣文學是臺灣文學，特色很多，絕不是中國文學的一部份！這在臺灣早已成定論，楊匡漢絲毫不知或故意裝瞎，如何研究臺灣文學！

二○○○年九月中旬，參加「兩岸文學發展研討會」（中央大學中文系主辦），有關兩岸文學，這是身爲臺灣第一所臺灣文學系主任不得不參加的會議，所謂「知己知彼」，現階段的中國文學發展，研究臺灣文學者自然要了解，作爲參考。但……

研討會前，主辦單位請鄧克保（柏楊）作「溫暖可以使殘冰盡消」的專題演講。他的演講還在算一九八七年臺灣解嚴前禁用簡體字、漢字禁止橫排等老帳，在中國來賓面前，實在有討好的嫌疑。又說目前兩岸解凍，所剩殘冰，「有的很大，大到是可以撞翻船隻，造成災難。」中國一直以臺灣爲其一省，是柏楊所謂的「殘冰」，應到中國去說給江澤民、李鵬、軍頭等聽才對。這些且不再表。

而所謂北京中國社會科學院、內蒙古籍的楊匡漢，來臺作客，在發表〈母題的變奏——臺灣當代文學觀察之一〉文中，處處有矮化臺灣的字句，最明顯的是在前言的第四段，說：「臺灣是中國的領土。臺灣文學是中國文學的一部份，這是不爭的事實。中國人在自己的臺灣地區承傳中華民族的文化與文學，是順乎自然、天經地義的。」

會中，即有東華大學的王文進教授提出質疑：在此，我們更要理直氣和說：第一、臺灣不是中國領土：在過去長遠的歷史中，中國何曾統治過臺灣一天？何曾收過一毛稅？第二、臺灣文學是臺灣文學，特色很多，絕不是中國文學的一部份！這在臺灣早已成定論，楊某絲毫不知或故意裝瞎，如何研究臺灣文學！第三、中國人到臺灣是作客，古來客人如何可以喧賓奪主？須知「臺灣人有自己的文化與文學，不必承傳中華民族的文化與文學」。請所有來臺作客的所謂中國學者，先認清楚這一點！

解嚴已十三年多了，但臺灣的國格仍不爲中國重視的原因固多，歸根結柢，是臺灣本土化未列爲國策加以推動。政治足以影響文學、文化，二〇〇〇年民進黨的阿扁總統執政，九月十六日他在第四次記者會中，說他每天必看民衆日報等二三種報紙；希望總統知道我們不涉政治上「臺獨黨綱」是不是民進黨的「神主牌」，我們只呼籲阿扁總統宣示「全面本土化是臺灣的國策」，並且全力加速推行，在不久的將來必定可以把臺灣提升爲舉世重視的國度。文學、文化、歷史等等研究的走向、國家的定位確立了，到時候中國必不敢再扯什麼「臺灣是中國的一部份」的鬼話了。這件事比任何文學發展、研究都重要，更與文學息息相關，不得不大聲提出呼籲。

推行母語教育的基本內涵

二〇〇一年寒假中，筆者接受故鄉台中縣中等教師研習會之邀，就在大年初七，為八九十位國小教師臺灣河洛語種子研習班的學生，講授「臺灣鄉土歷史與教學」和「臺灣河洛人民間信仰與習俗」二門課程。乍看之下，有人不禁要問：鄉土歷史、民間信仰習俗和母語教學哪有什麼關係呢？其實很有關係，而且它們是母語教學的重要對象、內容。

正如八〇年代九所師專改制師院，教育學科等「專門課程」的學分佔絕大多數，而「專業課程」四年八學期才設計二三十學分而已；當時就引起「豈可重『術』（教育學科）而不重『學』（如：國小課程中的國語、數學、社會等知識內涵）」一般。在母語教學中，如何拼唸、如何標音等等，是「術」；而所要教的「內容」，也就是要給學生什麼東西、什麼知識，才是最重要的。鄉土歷史、民間信仰習俗等等，正是母語教育的內容！否則，「空嘴餔舌」，到頭來即使「字正腔圓」，學生終究沒什麼收穫。試問發音的訓練之後，總要交給學生本土的各方面內容吧。正如小學國語課程，在上完「國語首册」之後，有六個年級十二册「國語課本」，等著他們學習一樣啊。

因此，如上述鄉土歷史、民間信仰習俗，固然是母語教學的基本內容，其他如：鄉土地理、本土文學（包括兒童少年文學）、古蹟名勝，乃至社會變遷、政治發展等等，都是很重要的內涵。而且它們的內容豐富，一輩子也研究不了。即以「歷史」而論，美國只有二百多年的歷史，就令美國人或有興趣研究的外國人研究不完，何況臺灣至少有將近四百年的歷史呢！更甭說臺灣有三四千年的先住民歷史，甚至六千年的左鎮人的歷史遺跡了！

筆者在講述鄉土歷史時，即由「大歷史」——「臺灣四百年國家發展簡史」講起，把三四百年間關係臺灣發展最重大的歷史事件，鳥瞰式的略述之後，再敘述「臺灣鄉土歷史的各種面向」，例如：自然環境、開墾拓殖、經濟發展、養生與衛生保健、公私行政機關團體、社會發展、教育發展、古蹟與風景名勝，乃至未來發展等。

其中更影印之前一個多月間報章雜誌上二三十件剪貼資料傳閱。最後，再談到鄉土歷史的教學策略，如：講述歷史人物事蹟、帶領學生參訪古蹟名勝，以及觀看有關電視電影後再加研討等等。包括國小校長、主任、教師的「老學生」，聽得津津有味，他們已遠離過年的休閒，投入九年一貫教育新措施的充電準備之中。

而在「臺灣河洛人民間信仰與習俗」課程中，筆者在「釋題」之後，講述「由民間宗教到民間信仰」、「民間信仰的重要內容」、「民間信仰與生活習俗」，以及「民間信仰與民間藝術」，最後是「民間信仰與習俗影響下的鄉土文化」。這些看似專門，卻在吾人生活中息息相關，習以爲常的文化內容，構成臺灣本土特色的一部分。筆者用更多，達三四十件的剪貼資料爲輔助教材。學員們驚訝於台人的迷信，每年因迷信甚至惡性比較而花費的人力、物力、時間等不知凡幾；例如：今年元宵鹽水蜂炮「狂歡」二晝夜，蜂炮王就多達八十萬發可同時發射，全鎮多達數百萬發；發發都是錢！而「三月痟媽祖」所消耗的「國力」，向來有人去計算嗎？其他畫符念咒、乩僮醫療、風水堪輿等，所產生的負面問題，層出而不窮，變本加厲，臺灣社會的明天在那裡呢？

這些思想性的問題內容，都是母語教育的背後所要面對的；以上二大項只是舉例而已。中國宋代的陸放翁曾說：「若要學作詩，功夫在詩外。」我們若要學母語，功夫也絕對不只在母語本身，其豐富的「背景」，才是目標所在。

由臺灣的族群性格談到根本教育之道

一、問題的提出

李喬在一九八八年出版《臺灣人的醜陋面》（前衛出版社本）一書，至今已發行了多版，可見其受歡迎的程度。但其書第八章爲〈自大的福佬人，自卑的客家人，自棄的原住民〉，標題與其說是醒目，不如說是刺人眼目；因爲尋其內容則泰半不能持之有故，言之成理。然而其書暢銷，負面影響不小，所以不得不提出商榷，然後再針對問題，擬出今後根本的解決之道。

七、八年來，臺灣先住民已大幅改善他們的許多方面，他們性格中的良善、特出、値得其他族群借鏡的一面，也已表現出來，大家有目共睹。如今他們充滿自信、堅毅不屈、粗獷中有精柔的新文化性格，也已可以查見，篇幅所限，且不多述。而李先生說福佬人（臺灣河洛人）自大、客家人自卑；在七、八年前，客家人可能如李所言失之自卑，但河洛人則自始至終從未自大過，李先生爲文造情，故意對比。而客家人如今也不自卑了，李著應加以修正；否則，其書一版一版的發行，易造成族群的對立。

二、李喬的論點述評

李氏文分十三節，由「臺灣人心性行徑的差異」開始，自承「目前『臺灣的居民』，心性行徑的差異，很難就族群爲依歸，找出明鮮的不同來。」（第一三六頁）但下文卻又依臺灣河洛人（李文所謂「福佬人」）、臺灣客家人和臺灣先住民（所謂「原住民」）三大族群的大體趨勢作淺探，不無自相矛盾的地方。

第二節首先指斥說：「福佬人的『目無餘族』」（第一三七頁）。文中李氏又自承說：「從多年的『生活體驗』中獲得一個「純主觀」的結論……福佬人往往顯得自大自負，『目無餘族』。」他自謂是「純主觀」的結語，既是「純主觀」如何可以作爲論據？

而第三節以下，李先生單以「用語」一項來討論。此節記他在一九八四年美國之行，以臺灣唐山話演說，而有人抗議未用臺灣河洛語。實則這只是一件特例而已。第四節與章題不太相干，姑置不論。第五節認爲「福佬人與客家人之間確然潛存一些糾葛，……主要動因卻在語言差異上。……福佬人堅持其『母語』橫掃全台，客家人茫然其雙眼，『鴨子聽雷』欲語還休……弱小族群最易受傷害而且自卑起來，福佬朋友固不宜自大而不顧吧？」（一四一至一四三頁）除臺灣移民早期有過閩、客械鬥，之後就沒有再有類似衝突，最多只是各自發展，不相聞問。李先生爲文造情，容易挑起對立。而且即使客家人自卑，那也是「心病仍要心藥醫」，自我努力，自我突破，如何怪責臺灣河洛人自大不自大呢？何況臺灣河洛人本不自大。台客其實需要自己努力，多學各族群的語言，不可要求對方「等一下」，要求人家不使用其族群的語言。

第六節，由於當年民進黨黨員多以臺灣河洛話作爲競選用語，而說：「民進黨快要變成福佬人的黨了。」其實該黨黨員是以政治認知而結合的，臺灣四大族群的黨員均有，李先生實不必挑起所謂「省籍情結」。本節中記南部一位客籍民進黨員說：「民進黨在客庄麟洛開會，客籍人士亦以福佬話發言。……客家人在本庄不用客語，豈有此理……。」（一四四頁）這是客家人自暴自棄的一個例子，李先生所自承！

而第七節〈福佬沙文主義的受傷者〉，李先生引了客籍某民進黨員的心聲，說：「站在客家人的立場，祇要使客家人不委屈，眞正出頭天，要統要獨我追隨大家。」（一四七頁）這話在上節，某黨員也主張：「我要組黨——民主統一黨，最主要的是，要讓客家人出頭天。」（一四六頁）統獨、組黨等的國家大事，理當爲全民設想；如今只爲單一族群，到底是自卑？還是「自私乃至自我膨脹、自大」？

第八節名爲〈解決嚴重的語言衝突〉；實則多年來，臺灣各族群間並無重大的「語言衝突」。即使有，要責備國民黨政府；而政府掌權官員以使用臺灣唐山語的居多，李先生全文中無一句批評。他實不應責備臺灣河洛人。第九節〈勿以語言差異挑撥族類感情〉，口號響亮而正確；但問題是李先生可能因此文而挑起族群感情的對立，其說只是紙上談兵，適得其反。

第十節〈原住民要恢復族群信心〉和十一節〈客家人要尋求自處之道〉，二文中所述辦法頗爲可行，在此不贅述。但第十二節說：「福佬人要節制獨大心態」；則由上面的簡單敘述，可知是空穴來風，爲李先生所假設。又其中也有「自私自利」，過度要求的文字，例如：「選舉拉票時，『最好能』容忍客家人、原住民『選自己人』，福佬候選人則不可採取相對手段。……在權力分配上亦宜作『政策考慮』，給予彼等（按：指客家人）近似保障名額的優遇。」（一五五至一五六頁）李先生此文可說並不是在談問題，而只在爲客家人爭取不合理的福利而已。

最後一節〈大家都是臺灣民族〉中，話是不錯，但並未提出具體的方法使大家融合，形成一新的臺灣民族，而只在末段說：「……這是心情苦澀、文字生澀的記述，……但願讀者諸君能知之諒之；不因此文而出弊端。」（一五七頁）李先生自知心情會影響文字敘述，而偏偏去寫，因而寫出此節乃至全章「不可思議」的怪文，弄巧成拙，讀者如何能諒之？

三、引導臺灣族群性格的根本之道

從歷史上來考察，李先生這種只「利己」的小格局族群性格看法，是歷史的產物，吾人不忍加以深責；因爲臺灣在近代殖民史上而言，雖有明治、清領等等情況，但總是處於邊陲地帶，充滿著悲情的文化意識、自我族群拘囿而排斥其餘，甚至以仇怨爲出發點討論事務、面對問題。這些都不是自今天臺灣民主行進時，所可繼續讓它們存在的。

但是，國人需要教育，族群性格需要引導，政府當局有義務要帶領國人走上屬於「臺灣性格」的未來境界。茲事體大，不易下手，但仍可參考下述諸點原則早日進行：

△了解各族群之間所呈現的文化差異，並相互尊重彼此間的生活形態、關懷各自對生命價值的看待。（參考一九九五年十二月三十日臺灣時報載李懷〈我們不懂臺灣〉）政府在審查歷史教科書或核廢料處理等時，必須謹慎再謹慎，以免被誤爲族群的迫害事件。

△尊重國人聽講語言的自由，大力推行各族群語言，相互學習，互補有無；並講究教學方法（參一九九六年九月二十二日中央日報載不鳴〈新臺灣人應知飲水思源〉）。使國人普遍均通數族群語言，而超越單一族群語言思考的窠臼，也許能創出「臺灣的新語言」。

△提升原本較爲閉塞、狹隘的島嶼性格，而爲有容乃大的「海洋性格」。海洋性格的特殊性是：相互尊重、包容、寬大、接納和開放；重塑臺灣各大群族的特殊性格。（參一九九六年九月三十日中央日報載陳益裕〈新臺灣人展現跨世紀活力〉）

△由大愛出發，轉化過去歷史上仇怨的心理悲情，「立基於人道主義的人文關懷，

在民胞物與和同情了解的人倫情懷脈絡下，達成知性與感性的共流。」（一九九六年十月五日中央日報，張國聖〈新臺灣人要超越以仇恨為出發〉）

由於至少三百七十年以上的歷史事實，臺灣舊族群性格中需要揚棄的、轉化的，本不易轉化、揚棄，而新的族群性格也不易建立，來與世界各國的諸多族群並立於世；因而，今後國人更要以之為己任，走出過去，開創未來；由個人而至政府，都要全力以赴，才有成功的一天。

作品貼近政治

一九九七年十二月七日，聽中研院社會科學研究所張炎憲研究員演講：臺灣歷史上的幾件大事及其影響，次日，又參加民生報所辦「兩岸少年小說學術研討會」；兩項會議中均提到政治與文學的關係問題。前者希望國人多挖掘臺灣史上的政治禁忌，加以藝術化的表現；後者，主持人「馬景賢」則顯然迴避政治題材於兒童文學中。兩者的立場可以說完全相反。不幸一般人多抱持後一種作法，少談政治，甚至不談政治——不敢談政治。

但是，尚在極權統治下的中國作家，至今已有不少反映，甚至正面批判十年文革的作品，而且都表現突出；反觀民主開放的臺灣，則迄今極少有反映中國失據國民政府「轉進」臺灣、二二八事件、白色恐怖，以至近年政爭的作品；這是臺灣這一代文人的羞恥，都患有政治冷感症和歷史失憶病！

文學不但不可迴避政治，反而要更積極的面對政治。「政治，就是管理眾人之事」，社會由眾人集合而成，每一個人都不能自外於政治。政治與民生息息相關；文學在反映人生，文學中涉及政治乃理所當然。

以兒童文學爲例，中國古代童謠中即有不少反映暴政的文字，例如：「大青灰，大青藍；大青黑紫，大清完。」說的是清代人們都著青布大衫，當青布衫染成黑紫色時，滿清就要滅亡了。東漢末年影射董卓的童謠說：「千里草，何青青！十日卜，不得生。」暗喻董卓當權，民不聊生之意。而戰國時代的「楚雖三戶，亡秦必楚」，春秋時的「梧宮秋，吳王愁」，也預言著越人的沼吳，夫差將亡。

就是到了中國抗日時也有這樣的童謠：「日本鬼子，喝涼水兒；坐火車，斷了腿兒；吃塊鹹魚，扎滿刺兒；喝口湯，燙了嘴兒；拿起槍來，就打盹兒；上前線，變木棍兒；看到中國兵，嚇得沒了魂兒。」這些都是成人藉兒童之口，表現對敵人的痛恨，是政治性童謠；其文學性不高，則仍用文學的方式表現出來。

反觀臺灣歷史上經過多次殖民統治；但移墾性格的臺灣人，逆來順受，得過且過；再大的迫害，在事過境遷後，就原諒了施暴者，美其名爲「寬容」，爲「以德報怨」，爲「族群融合」，將漫天血債一筆勾銷。如今已是民主開放時代，「奴性」依然不改，不敢碰觸昔日痛處，任由犧牲者在地下哭喊，甘於患上政治恐懼症，無法記取歷史教訓；馴致平時抱著敵人大腿不放，而在中共武力恫嚇前後，竟有與之「輸誠」的。臺灣人啊，你爲什麼這麼軟弱，這麼沒出息！

文人學者號稱社會的良心、歷史的代言人，尤其是重大黑暗政治事件的挖掘見證者。

今後必須不怕碰觸政治冤案，妙用藝術之筆，記錄弱者、受苦受難者的哀號，爲大時代留下歷史的眞言、眞跡、眞象！中國唐代的安史之亂，成就了一位「詩史」杜甫；臺灣二二八事件、白色恐怖等浩劫，也應該成就幾件不世出的作品吧！

蘇聯作家索忍尼辛不怕格別烏，寫了《古拉格群島》，獲致了諾貝爾文學獎的殊榮。臺灣的作家們、藝術家們，如果要在世界文藝聖壇上佔一席之地，似乎只有深思表現本土的內涵；其中反映重大歷史政治事件，進而切入政治現實的批判，作爲取材或表現對象，才能如願以償。

談舉辦臺灣海峽兩岸學術活動

舉辦臺灣海峽兩岸文學會議時，一定要高懸「對等」甚至「以臺灣爲主」的原則；絕不可矮化自己、討好對岸，以致喪失國格，所謂「人必自侮而侮之」！

臺灣海峽兩岸——台、中文學的研究早已開始，交流互動也不是近年的事。所有的學術活動，理應後來居上，只有進步沒有後退，才有實際的意義與價值。

例如：二〇〇〇年五月初，在中壢元智大學舉辦爲期兩天的「海峽兩岸民間文學學術研討會」中，除了一場專題演講和綜合座談之外，有八場次廿五篇論文發表；但未設評論人，只有寫作者發表了事。

這廿五篇論文中，有十一篇與臺灣民間文學有關，程度也比較整齊；如：洪惟仁的〈台北愛悅情歌——台北褒歌的題材研究之一〉、金榮華的〈澎湖「傻瓜丈夫聰明妻」故事試探〉，和鄭慈宏的〈民間文學中所反映的天文曆法問題——試舉三例〉等，都有「超水準的演出」。

令人遺憾的是對岸中國的論文，多不敢領教，試看下列文句：「我是親自參加過這個典型調查全程的普查全過程的普查人員」，又如：「商品社會在漸改變故事家們的觀念」。(姑隱其姓名的〈耿村故事田野調查的幾點思考〉)。奇怪會後聚餐時，和她說話，並不會「語如其文」啊！

最令人難以承受的，還是「貴」爲河北省民間文藝家協會主席，竟以〈隋唐大運河文化工程規畫〉的簡文，要來「冒充」；不僅如此，在發表時，還「統戰」台人要我們爲中國賣命！

此外，在會議手册中印有中國「與會發表學者名單」六位，實際只來了一半；其中唯一的一場專題演講竟缺席，由大會安排「台人」代爲宣讀〈二十一世紀「中國」民間文學之展望〉。好在演講稿所寫並不包括「臺灣省」，而是純粹的一邊一國的「中國」。

總之，臺灣文學雖然和中國文學或多或少有些關聯，但在舉辦臺灣海峽兩岸文學會議時，實有許多觀念、細節非縝密的考慮和處理不可。就愚見所及，謹列供參考於後：

一爲一定要高懸「對等」甚至「以臺灣爲主」的原則；絕不可矮化自己、討好對岸，以致喪失國格，所謂「人必自侮而後人侮之」！

二爲有「備份人選」：如遇對岸「國台辦」不批准他們出境，則立即換上本國學者。不可「委曲求全」，代爲宣讀作品，以致不倫不類，代人施統戰。

三爲要邀請得人：中國人口多，眞正的學者專家也多，不必諱言；但相同的，「野雞大學」、掛羊頭的更多。所邀對象要精挑細選；絕對不可扛人情包袱，幫助他們來自由世界吃喝玩樂一番，對臺灣學術一點兒也沒有交流、提升作用。

由「經典」一名說起

一九九九年元月間，行政院文建會所委託聯合報副刊舉辦所謂「臺灣文學經典」的評選活動，公佈了結果。在選出的三十本文學、藝術著述中，原作者、各界人士等「反應」熱烈，掌聲頗少，多認爲各種舉措不無失之草率之嫌。其中焦點之一是使用「經典」，尤其是「臺灣文學經典」一名的適切性問題。

在稱名學上，以望文能生義爲最好的命名法；因此，「經典」一名的眞義，是在其「永恆性」（「經」）和「模範性」（「典」）的要求上。我們說「天經地義」，並將聖賢所著述的書，叫做「經」，如：佛經；因爲它們具備永恆性，是古今世人恆常可以取法遵行的內容，具有常法、常道。

其實「典」字也有恆常之義，如說「典型」，即指經常不變的型範，可以爲人所學習的。不過，一般多指它的「模範性」，所謂「典範」。因此「經典」二者結合成詞，就在說它「具有永恆性而可以作爲模範」的圖書等等資訊。

以「永久性」和「模範性」爲充要條件，來衡量古今台外的文學作品，可以入選的不少，像世界文學名著、諾貝爾文學獎中的許多作品等等，不一而足，可以說各國甚至各地都有；但是說「臺灣文學經典」，則在其中必須排除「非文學」的（藝術的就不行）、文學質素不高或不純的作品；更必須排除「非臺灣」的作品。

「臺灣」、「非臺灣」的，本來很容易區別；但近來受了許多不客觀、不合理的解讀，變得義界模糊，莫衷一是了。一九九六年六月，筆者曾發表〈臺灣文學界說與範圍分類的歷史考察〉一文，從近百年來各種說法中，加以歸納整理，研究探討出其義界來（國立台北師院《語文集刊》第一期）；茲引錄其結語如下：

「由上述『臺灣文學』界說發展的歷史考察，可知如今大家已建立起『臺灣文學』定名的共識：其性質必須具有臺灣本土的自主性，以及文學質素的必要性。」（頁八八）

在學術要求上來論，「臺灣文學經典」入選的作品，應是指：

『和「臺灣」有關係，最好是臺灣本土或認同臺灣，以臺灣爲主體思考、表現的優秀「文學」作品，具有對讀者，尤其是後進永久（「經」）學習模範（「典」）的價值。』

如此說來，聯合報所選出的三十本藝文作品，是否每一部都能經得起這個考驗？今後吾人要不要評選臺灣文學經典？如果要，又當如何去進行，才能向歷史交代，使人人滿意？那就在考驗吾人的智慧了。

研究臺灣古典文學益形重要

臺灣古典文學史較新文學史來得久長，先民於何時移入這塊土地？如何披荊斬棘，墾殖它？多久歲月的天災、人禍，最後才釘根在這塊土地上？相信在文學中都可以找到它的生命足跡。

二〇〇〇年四月一日，東海大學中文系舉辦了十二篇論文發表的「明清時期的臺灣傳統文學學術研討會」，筆者因總策畫人吳福助教授的力邀，主持了一場次的會議。論文內容涵蓋先民渡台、文人流寓、歷史興廢、地區文壇結社、民間戲曲史料乃至童蒙教材等等。至於會中有人提及未列先住民口傳文學部分；其實在陳益源的〈明清時期的臺灣民間文學〉論文中已有，只是沒有專人探討而已。

臺灣文學史源遠流長，自明末沈光文來台近四百年，先住民口傳文學更在數千年以上；都比發展了七八十年的臺灣新文學要來得久遠。一般人提起臺灣文學多只注意到二〇年代以後的新文學，是犯了歷史失憶症，那是不對的。臺灣新文學的研究固然重要，但是長達三百年以上的臺灣古典文學，在長久比較被忽視的今天，尤爲重要。

臺灣古典文學的重要性，至少有下列諸端：一爲它是臺灣文學的源頭：不尋源無法知流；尋津討源方便於溯源流，知去脈。譬如：探討先民渡臺的辛苦悲歌，才了解爲何後人對日本殖民、國府二二八事件等，那麼痛恨，產生了那麼多抗議文學作品。

二爲它的歷史悠久：美國的歷史才二百多年，其文學在世界文學上已佔有相當重要的地位。臺灣古典文學史至少有三百年，卻仍不太被重視。一般人只以「明清時期」一期概稱它；其實，照理三百年的發展演變，一定會有許多不同的階段，前後遞嬗。這是今後吾人應加緊探究的。

三爲它是臺灣人精神、生活、語言命脈等之所寄託：如果上溯自臺灣先住民由南洋群島移入，或近由明末以來漢人長期自中國渡海，不論先來或後到，在華麗的寶島上，已經型塑了臺灣人特有的性格與生活方式等等，有別於南洋各地和中國。這一型塑的過渡，點點滴滴都可以在臺灣古典詩文學中找到它的腳跡。它是臺灣人作爲世界公民之一的獨特語言、生活甚至命脈的源頭；如果沒有好好地探討，清楚地呈現，如何躋身世界公民的一員呢？

人類所以異於其他動物，就是由於有歷史；從歷史中吸收養料，乃至記取教訓。臺灣古典文學史較新文學史來得久長，先民於何時移入這塊土地？如何披荊斬棘，墾殖它？多久歲月的天災、人禍，最後才釘根在這塊土地上？相信在文學中都可以找到它的生命足跡；這是我們最寶貴的精神遺產，我們爲何繼續輕忽不加探尋？

臺灣文學尤需建立在臺灣歷史的了解上

最近報載文化大學新聞系實習刊物《文化一週》，問卷調查臺灣北部十二所大學生對臺灣地理的認識，結果有下列「脫軌」的結果：

△不知南下先彰化再雲林的，佔百分之七十四。（一九九九年六月十九日聯合報）

二天後，有彰師大黃忠慎教授回憶當年，有位北一女同學曾問說：南投是否就在北投隔壁？這種臺灣青年對本國地理的無知，可能是世界各國僅有的。他們卻對鄰國中國的地理，黃河、長江、東北三寶、熱河省會……等等，瞭如指掌，再難記的數目字也倒背如流；卻對自己的家國、自己住居附近的地理環境，蒙然無知！

地理因人而產生意義，所以古來史地一如，甚至將地理含括在歷史之中。臺灣下一代對地理的淡漠無知，乃是由於對臺灣歷史的蔑棄和沒要沒緊。究其原因，自然要歸咎於國民黨政府數十年統治下，國家定位的不明朗、歷史教育的「親中國化」，以及受教者的幼稚心態，以致無法認識臺灣，對臺灣產生愛，產生認同；將來萬一有一天，臺灣受到敵人的侵略，在危急存亡的關鍵，恐怕成爲不願意爲臺灣而犧牲奉獻生命的人了！

這是臺灣最大的危機。解除危機的根本之方，在讓國人，尤其是下一代，了解臺灣四百年，甚至更早的歷史；了解臺灣先民如何披荆斬棘，克服萬難的開拓這個蠻荒的島嶼；第二批先人經過黑水溝——這一生死難掌握的大海峽，多少人葬身魚腹；來到臺灣的，又要面臨一場與先住人的「調適」過程，集體械鬥的事經常發生。族群對立——融合的過程何其長久！第三批轉進到臺灣的，恃其「船堅砲利」，尤有更多事件、白色恐怖烙印在臺灣所有先住者的心版上。「血債血還」，其實也無法趕走仇恨；但是一直是移民世界的臺灣人心，硬是忍下來了。療傷止痛之餘，繼續往歷史的深處前進，我們要建設臺灣，要在國際上出頭天，無法不走出悲情，迎向希望的明天。

但其實慘痛歷史可以不計較，但絕對不能忘懷；否則，不僅不能知來，更有時會輪迴，重蹈覆轍。我們深信，國人如不能記取歷史的教訓，那肯定沒有快樂、美好的明天！

人類天天在「創造」歷史，臺灣歷史「至少」四百年以上，固然有無數需要讓國人了解的史實眞相；但也有不少需要講史者以臺灣主體的觀點，探求眞相，超越傳統桎梏，作批判式的敘述，所謂「評述」，才能給受教者「評判式」的接受獨立思考，建立正確的歷史觀；而不再人云亦云，甚至被利用、被洗腦。在所有教育中，這最重要！

眞理大學臺灣文學系的「臺灣歷史與評論」的課程名稱，就是在這樣的觀照下定名的。歷史事實既要客觀的敘述，也要有講史者個人專業的、超然的評價；尤其作爲一個臺灣人、臺灣史家，具有本土觀點的評斷，方有意義與必要。畢竟後進年紀輕，需要有先行者給予評論的參考意見，他才可以在歷史中獲益，於己於人，於家於國，也才有助益。

臺灣文學史上的樞紐地區

> 這些成績並不是一朝一夕就可獲得的，自來它在居臺灣中部的地理優勢之上，
> 又有林獻堂先生等人的櫟社結社、賴和和張文環等人的提倡新文學……

現代人普徧好敝帚自珍，常自稱「××第一」。其實，是不是眞的第一，須要深入的去考察，才可確定；否則，會貽笑歷史。

二〇〇〇年三月下旬，臺中縣政府主辦的「臺中縣作家與作品研討會」，祖籍麻豆的陳萬益教授，在會前演講「臺中縣文學發展總論」中，指出臺中在臺灣文學發展史中，是居於龍頭的地位。他不是臺中人，說話可以不必有所顧忌；但，是否爲了討好主辦單位而說這話？且看：

臺中，現在是指臺中縣市，而日政時代是指臺中州，還包括現在的彰化縣市。我們看許俊雅、施懿琳、鍾美芳和楊翠教授合撰的《臺中縣文學發展史》、《彰化文學發展史》，以及陳明台教授的《臺中市文學史初編》，就知道臺灣中部地區有這麼多文人、作品和文學成就。它更有不少「第一」的傑出表現。例如：霧峰的林幼春是「臺灣第一

才子」、賴和是「臺灣新文學之父」、……。

這些成績並不是一朝一夕就可獲得的，自來它在居臺灣中部的地理優勢之上，又有林獻堂先生等人的櫟社結社、賴和和張文環等人的提倡新文學。還有戰後第一、三、五屆音樂家縣長林鶴年先生的重視藝文；直到現任縣長，也是全國唯一新詩人出身的廖永來先生。這些悠久的文化與文學傳統，塑成了今天的廖縣長以文化治縣、文學治縣。據廖縣長在研討會開幕致辭中說：「本縣集會時，文化局是第一局，局長的座位在縣長旁邊，其次才是副縣長。此外，本縣『文化列車』是主動開到各偏僻村鄉的縣民面前的；……。」

在上述行政措施之外，在學術工程上，臺中縣也在臺灣文學上有不少第一；例如：首創編印縣籍作家作品集，今已有數十部之多；由學者親身田野調查，而撰寫出縣文學發展史，使內容翔實可取；又由民間文學的調查，而出版了許多臺中民間文學集。後來其他許多縣市也繼起仿效，蔚爲臺灣文學發展的盛事。

就是這回大型的縣作家與作品的學術研討會議，也是在全國各縣市中屬首創；研討範圍除了古典文學之外，由楊逵、張文環、陳垂映、陳千武、洪醒夫到路寒袖、劉克襄的作品，更有先住民瓦歷斯・諾幹——文學的社會落實等等，都有專題論文發表。相信不久的將來，也會有其他縣市仿效舉辦。

由上面的敘述，臺中縣的區域文學發展，實在居於臺灣文學史上的樞紐地位。由各縣市區域文學深入而仔細的研究，對撰寫新而更完整的臺灣文學史，相信一定會有最大的助益。

尋找臺灣文學與歷史的交集

過去常聽說文、史、哲不分的話；意思是多層的，其中最重要的，是要人多涉獵相關的學問，多整合科際，才能左右逢源，作較全面的了解；成功爲「大家」，而不只成爲部門的「專家」而已。葉石濤、陳玉峰等人都曾說臺灣至今還沒有哲學。但臺灣史學與文學，則有許多遺產，待吾人耕耘。尤其臺灣文學是四百年甚至更長的臺灣歷史的產物；不懂臺灣史，無法瞭解臺灣文學，更難以研究臺灣文學！

趁寒假的最後幾天，向行政人員已須上班的任教學校請個假，到臺灣著名的蜂砲之鎮鹽水，參加吳三連臺灣史料基金會和武廟等九個單位，所合辦的「第一屆新臺灣史研習營」，想尋找臺灣文學與歷史的交集。

不出所望，研習營所安排的課程：在歷史觀念方面，有：臺灣史的新視野（張炎憲主講）、世界史與臺灣史的交會（林東陽）等等：在歷史知識的探討方面較多，有臺灣拓墾史（溫振華）、「西拉雅族與臺灣族群」（簡炯仁）、臺灣美術史（李欽賢）、臺灣電影史（李泳泉）和「臺灣歌謠的歷史軌跡」（簡上仁）等等；在史學方法方面，有：

「臺灣史田野調查與研究方法」（戴寶村）；又在民俗宗教方面，有林美容的「民俗宗教與俗民社會」。更有以臺南、鹽水相關方面爲探討對象的，如：「鹽水地理與產業」（曾德輝）、「鹽水文化資產介紹」（林明堃）、「鹽水歷史散步」（實地走訪歷史文物現場），以及「臺南地區歷史事件與臺灣史」（蔡錦堂）、「臺南地區歷史人物概說」（薛化元）。這一類針對臺南、鹽水的史地、文化等深入而實地的紹介，是當初吸引筆者報名的主因。

此外，三個晚上均安排有「文史夜談」，分組由莊萬壽、李筱峰、廖瑞銘、吳慧蓮，以及當天留營的講座，來和學員們座談。親見某學員在本組發問得到滿意的答覆後，又趕場到另一組心儀的講座那兒去了。

在所服務的眞理大學臺灣文學課程中，就有不少的類似課程，見證文、史的交集，例如：「臺灣歷史與評論」、「先住民歷史與社會」、「臺灣各族群歌謠與諺語」，與上述「歷史知識的探討方面」相屬；「臺灣民間文學與田野調查」，即上述「史學方法方面」和「民俗宗教方面」。而「臺灣地名與地理」，以地名的命取沿革談地理，必然涉及全國各地的土地、文化、產業等等。又：「臺灣文學資料蒐集與運用」，自然和上述「史學方法」方面性質相同了。而「臺灣美術與文學」或「臺灣影視文化與文學」，不是也要涉及臺灣美術史、電影史嗎?總之，文史不分，兩者必須交集探究。

筆者這回的充電和尋找交集，收穫滿滿，非常感謝。一九九八年所重擬的課程設計，有研習營的「背書」，相信臺灣文學系學生認眞學習，必可成爲優秀的臺灣子弟，爲臺灣的未來而充實打拚的力量。

由地名探地理正確又有趣

臺灣過去一直是個被殖民的國度，歷史上的政權以及它們所「製造」出的歷史，不僅止於對歷史眞相的了解，對錯綜複雜的歷史起因、內容、發展經過，以及它的作用、影響等等，都需要批評的接受——所謂「評述」才好。臺灣地理學也是一樣，因過去的政權來到臺灣，不知改掉多少臺灣的古地名；所以由地名研究，就必然的會探討到某地最早的名稱，以後如何改動，或是何時何人所改，當時爲什麼要改呢？

即以國民黨政府爲例，如：台北市用了數十百年的「古亭」區，廢除了。又如：先住民叫得好好兒的「拉拉山」，蔣經國硬要改爲什麼「達觀山」。再如「畚箕湖」，多具象而有本土草根味呀，也是「改地名總統」蔣經國的「傑作」——改稱「奮起湖」，音、義都不同了，其他稱「柳營」、「大目降」等等，也都有其歷史背景，甚至是台人的苦痛包含在其中。又如：「頂港」、「下港」，爲什麼要分頂（上）下呢？

這許許多多的問題所構成的知識，就成了「地名學」——臺灣師大名譽教授、眞理大學臺灣文學系兼任老師陳國章先生所創用的名稱。由地名看地理，也成了臺灣地理學探討的妙方，探討起來正確而有趣。本系「臺灣地名與地理」這一門課程名稱，就是筆者去年某週休六到台師大陳教授研究室，敦請他來任教時，他神來一筆所命取的。

臺灣的地名有許多特色，例如：具有眾多語言命名；源於漢語、非漢語命名；具有眾多音、字、義不相符合等等。其中河洛語、客語、先住民語（如番社名）、日語、荷蘭語等等，不一而足；當然加上明清、日本、國府等等的歷史先後改易，更是錯綜複雜。

而從文化層分期來探討地名，又是一大領域：由移民連帶的地名移植，也充斥著臺灣，如：南京路、四川路、潮州鎮等等都是。又由本地開拓而命名的，如：林鳳營、左營、六張犁、五股、九分、吳厝庄等等。再說由主要物產命名的，在臺灣也所在多有；如：廍子（糖）、牛稠港（牛）、油車口（花生）、林內（林地）等等。而先住民的命名沿用的也不少，如：諸羅（嘉義）、卑南、打貓（民雄）、阿猴（屏東）、半線（彰化）、葫蘆墩（豐原）、……不勝枚舉。

由上述可知，由地名入手去了解臺灣地理，是很有趣的事：畢竟從小學以至高中，很少有地理老師會從此一角度切入，使地理課變得很有趣的。

有關臺灣地名與地理的著作不多，有的多半是陳國章教授所寫的，或是受他啓發的學生輩的作品，形成研究臺灣地理學的特殊學術。據筆者所知，有下列著作：

△臺灣地名學文集，陳國章著，一九九五年九月台師大地理系印行。十五篇內容引錄於下：

1. 語言與地名——以臺灣爲例
2. 臺灣閩、客語地名的對比
3. 認識臺灣地名首重聽音、辨義
4. 臺灣地名的特色
5. 臺灣地名中「頂」、「下」的涵義初探
6. 臺灣具有「前」、「後」意義地名的探討
7. 臺灣冠有「內」、「外」字詞之地名的探討
8. 臺灣四方位地名的種類、讀音與含義的探討
9. 臺灣以蔬菜爲名之地名的特色
10. 「漁」業爲據的臺灣地名
11. 廓子與地名
12. 臺灣以「崙」爲名之地名的讀音、含義與分佈
13. 臺灣與沙洲有關之地名的探究
14. 地名的傳播——以臺灣爲例
15. 地名在史地研究上的應用——以臺灣爲例

其中尤以第一、二和第十五篇更爲重要。

△陳教授另有《臺灣地名辭典》上、中、下三册，一九九七年五月起分三年，由台

師大地理系發行。每個地名均說明其意義和地點。

△日人安倍明義著《臺灣地名研究》，一九八七年三月，武陵出版公司譯行。其中也有以地名說明臺灣地理學的地方。

△洪敏麟著《臺灣地名沿革》，一九七九年六月，由臺灣省新聞處印行。

△黃文博著《南瀛地名誌》五冊，分：新營區卷、北門區卷、曾文區卷等等，把臺南縣、市的地名作一深入的總探討。

△報章雜誌上，也常有如：「地名趣譚」（聯合報鄉情版）的專欄文章，探討臺灣的地名與人文、歷史等等。讀來均令人趣味盎然，增廣見聞，也更加喜愛臺灣這塊有趣的土地。

總之，要了解臺灣，認識臺灣文學，不能不由探求臺灣的歷史和地理入手，而史、地二者相關；由地名看地理，也類似於由歷史看地理。這在外國人也有類似的主張，在臺灣尤其需要這麼做；本系大一開授必修課程「臺灣地名與地理」的用心和主旨，也正在於此。這對臺灣文學的了解與創作，是基礎的學科知識，息息相關的。

臺灣各族群諺語隱現先民智慧

語言是文學的基礎。諺語是前人精粹的語言表達之一，特別具有本土性、生活的趣味。臺灣號稱有四大族群：臺灣先住民、臺灣河洛人、臺灣客家人和臺灣唐山人（又稱臺灣新住民）。其中先住民又有布農、鄒、魯凱、平埔等等十多族；而唐山人則來自中國三十多的行省、地區，更爲複雜。但不論那個族群，都有其語言；有語言，其中就會有生活或思想的經驗、智慧等等。幸運的，已發展、創造出文字，可以將語言記錄下來；沒有文字的，靠口耳相傳，也可以承傳絕大部分，只是不方便和容易遺漏而已。

而在語言中，以最少的文字涵括最豐富、精練和泥土味的，叫做俗語，或稱俚語、諺語。它留傳在常民的口頭上，自自然然，上自天文，下至地理，幾乎句句跟生活、土地相關；因此，捕捉它、了解它，對做一位正港的在地人，是再恰切也不過了。

臺灣唐山人的俗、諺語，一般受「國語」教育的人，多半能了解運用。臺灣先住民族群雖多，但能用文字加以記錄的，筆者只曾見布農族作家霍斯陸曼・伐伐一九九六年，在民衆日報上撰述若干則諺語（稱「布農族語言的智慧」專欄）而已。至於臺灣河洛、客家諺語，則爲臺灣族群諺語的出版大宗，其中以前者較多。

諺語的範圍廣及宇宙、人生的各方面。即以天象、氣象而論，就爲數不少，電視台氣象報告中常見，姑不細述；以筆者故鄉草湖爲例，也有如下的諺語：

「塗城黑，草湖雨，霧峰爛糊糊。」

句句押韻，最容易記憶和留傳。原來，這是「大屯媽祖聯合出巡十九庄」的繞境天氣俗諺。它固然繞經台中市、太平市、烏日鄉，也經過今大里市的塗城、草湖二村，以及霧峰鄉。

當農曆三月十一日，輪到塗城村恭迎媽祖時，天空黑黑的，好像要下雨的樣子。第二天輪到隔壁村的草湖迎駕時，果然下起春雨來了。而到了十三日輪到阿罩霧迎媽祖時，雨越下越大，整個庄頭到處都是爛泥巴，走起路來很不方便。

像這樣的諺語，除了提供你前人的生活經驗之外，也有要人們聯想、防範、警惕，以使生活更平安快樂的弦外之音在。它的用心、功能與作用，是多方面的，充滿著先民的智慧。吾人再舉上述布農族諺語一則來談吧：

「兄弟相爭，聲音大過雷公聲。」爲什麼親如兄弟卻會起這麼大的衝突，好像有不共載天之仇似的呢？霍斯陸曼・伐伐解釋說：「一個人，一生的人際領域裡，除了父母之外，就以兄弟（政華按：含姊妹）和親友的相處最爲密切，相知最深。也因此等緣由對於自己的兄弟親友，大家都以『大而化之』、『不拘小節』的隨

> 興態度相處，在外不敢形之於色的忿怒，卻在兄弟之間毫無忌憚的表露無遺，因此，一生當中與兄弟的爭吵，多過與外人糾紛。」

只知其因，若沒有得到教育、教訓，讀諺語可說只獲得一點點助益而已；能因此啓發出人生的智慧，才是前人傳述諺語的苦心；因此，霍斯陸曼又說它「讓我們知道朋友相處之道，必需謹（當作「緊」）守二件事情：㈠互相尊重是眞實友誼的基礎。……㈡君子之交要淡如水。……」（一九九七年一月八日民衆日報副刊）

其他何止萬萬千千則諺語，每一則也多飽含先民的智慧，令人拍案叫絕。不勝枚舉，只好留待讀者去蒐集、體會和研究吧。知見發表臺灣各族群諺語的報章、雜誌，除上述民衆日報之外，尚有：

聯合報「鄉情版」：諺語看人生、諺語人生、臺灣諺語、母語世界、客家諺語、台語文（李福登口述）、臺灣俚語等等專欄。

自由時報：臺灣精諺（台語篇、客語篇）專欄。

臺灣日報：母語之美（臺灣按怎講？客家諺語）專欄

民衆日報副刊：浪漫的臺灣諺語（許成章）專欄。

自立晚報副刊：在地味好鬥句（李福登口述，董峰政文字）專欄。

中央月刊：林衡道談俚諺專欄。

國語日報：多單篇文字。

不過，就中一九九八年刊登於臺灣日報的「客家諺語」，徐信騰所收，其實多半也是臺灣河洛諺語；閩、客二族群共有的，單列爲客家諺語，實未必正確，例如：

△開飯店，不驚人大食。

△人爭一口氣，佛爭一爐香。

△緊事寬辦。

這是要附帶說明的。

總之，語言是文學的基礎，由語言而文學，文學用語言文字表達，文學中滿含語言的各方面，尤以其中的思想、智慧，對人生助益更大。因此，由最貼近台人生活、土地的諺語來探討，對體大思精、源遠流長的臺灣文學之了解，是極爲有趣、處處令人驚奇的好門徑。「諺語天地寬，台文任遨遊。」走筆到此，不禁要以這句話作爲本文的結束。

當臺灣文學遇上臺灣美術

筆者服務於眞理大學臺灣文學系；臺灣文學系，顧名思義，最重要的工作是臺灣文學的教學。雖然「文學」和「美術」——如：書法、繪畫等，都是「藝術」的一種，都在追求「美」，但是兩者畢竟不同。

不過，這種不同，不是截然的不同，而是「大同小異」的「小不同」，因爲兩者都是「藝術」，性質有某些交集。也因此，眞理大學臺文系的課程中有一門「臺灣美術與文學」，要探究臺灣美術與文學的關係。從歷史上看，臺灣美術也的確影響臺灣文學，豐富了臺文的內容。

臺文系的「任務」，除了平日認眞的教學之外，還有一年度大戲、「大演出」，那就是已經舉辦了五屆的「臺灣文學家牛津獎」——頒獎給對臺灣文學有特別貢獻或成就的先行者——巫永福、葉石濤、鍾肇政和林亨泰先生，並舉辦一至二天以其作品爲研討論對象的文學會議。而去年的榮耀，仍將授給元旦甫離開我們的「福爾摩莎的心窗——王昶雄先生」。除了這一重頭戲之外，本系二〇〇〇年又推出一重大「戲碼」，那就是

——「臺灣書畫三百年展」。

「臺灣書畫三百年展」，是本校與文化藝術品賞學會等合辦，二〇〇〇年三月在臺北市國父紀念館，展出由明末以來臺灣本土書畫名作數十百幅傑作，也有日人尾崎秀眞等人的作品。每一幅都是品賞學會執行長陳進乾先生數十年的蒐藏精品。其中不少海內、外孤本，它們更與臺灣歷史息息相關；例如：謝琯樵、進士陳登元、吳淞、許南英、曹秋圃等等，又有文學家周定山，更有二二八英靈、前臺大文學院長林茂生先生的書法。

此外，在臺灣美術上更值得重視的，是黃延禎用黃金粉所書寫的「壽舉人王藍石家族事蹟十二屏」，光是其中的黃金，就已價值連城，何況又寫出書法藝術作品，而且更多達十二幅呢！此次展覽值得全臺灣人觀賞，提升對臺灣美術與文學，乃至歷史的深度了解，在賞心悅目之餘，更加熱愛自己的土地和國家；當初本系所以設計「臺灣美術與文學」課程的原因，也正在於此。

臺灣文學的基礎

臺灣文學往何處扎根

到河裏捉魚
河裏沒有魚
我們都變成魚
捉來捉去

這是一首名爲「捉魚」的詩，是我上兒童少年文學課時，一定會引來做範例，證明兒童好遊戲，兒童少年文學是充滿遊戲趣味的語文藝術。它的作者陳清枝在兒童文學、森林小學教育和創思語文教學方面，可是鼎鼎有名的人物。兒童少年文學是文學重要的一環，陳清枝的文學作品頗貼近臺灣的土地和兒童，值得吾人重視。

陳先生出過四、五本兒童少年文學書，而在九〇年代精選了童詩三十五首、童話九篇和新詩十四首等等，編成《輕歌與低語》一書；上述的「捉魚」一詩即在其中。在〈童年往事〉一文中，自述他小時候在台北景美溪邊捉魚，一個跟頭栽了下去，咕嚕咕嚕猛灌水，七手八腳的亂捉亂喊叫；陳母一個箭步把他從水龍王手中救起，「經過這次的教訓，我以後再也不敢隨便下水捉魚了。」他說：但八九年後卻醞釀出「捉魚」這首刻畫兒童隨遇而安，熱衷遊戲的好詩來，令人心有感感焉。

童話、散文等篇幅多，不便引述；新詩、童詩往往容易表現本土的思維。先看題目：霧社行、淡水行、龜山島，固然寫臺灣；即使平凡的題目也可以表現出他的本土關懷，例如：〈冬天大進補〉的保護野生動物、〈霧社行〉則感懷當年霧社事件中的先住民忠烈英雄等等，不一而足。

且舉一二首童詩來看：〈我的學校〉，寫他首任南投民和國小教職，對民和的描繪：「我的學校在民和／一間鄉村的小學／綠樹如蔭　青山圍繞／濁水溪／天天唱著輕快的歌曲流過／我們在學校裏／像一群快樂的小鳥」。快樂的小鳥是陳先生喜歡用的比喻，象徵童心，如：〈祖母的家〉也說：「祖母的家在鄉下／一片果園圍繞的山村裏／暑假／我們都變成快樂的小鳥／飛到祖母的家裡」。臺灣和樂的地方，到處都有這般的景象。

天鳥水魚，一上一下，往往可以對照比較，〈釣魚〉一首令人會心一笑：「爸爸帶我們去釣魚／在湖邊的草地上／釣了一整天／一條魚也沒釣到／回家／媽媽問／釣了多少魚啊？／我們把一籮筐的／風景／快樂／歡笑／倒給媽媽看／連媽媽／也笑了」。這正是文首引的〈捉魚〉：「河裏沒有魚／我們都變成魚／捉來捉去」的另一種表現吧！總之，臺灣文學從本土出發，以兒童的文學教育爲基礎，這是一條正路，一條開向臺灣文學殿堂的康莊大道！

臺灣文學的發展必須扎根於兒童少年文學

一般所指的「臺灣文學」，實指認同臺灣這塊土地的「本土文學」；因此，「臺灣文學」其實是「臺灣本土文學」的簡稱。

要國人個個了解臺灣文學，必須先從兒童少年文學的本土化扎根著手。我們都知道，兒童少年的可塑性強，他們也是天生的文學家，在衆多知識領域中，特別喜愛美好的文學。由臺灣兒童少年文學的教育入手，必能使我們的下一代喜愛文學、喜愛臺灣，進而了解文學、了解臺灣文學，終而認同臺灣，創作臺灣文學。這麼說來，臺灣兒童少年文學在臺灣文學的發展上，實在具有舉足輕重的地位！

有鑒於此，筆者在一九九八年六月先期重新設計淡水學院臺灣文學系課程時，就設計有「兒童少年文學與創作」、「臺灣兒童少年文學與創作」兩門課程，供學生選修。同年九月開學，前者就有二十六位選讀，超過預期；可見兒童少年文學也受到大學生的「認同」。在當初設計的構想，是以前者爲基礎科目，有了一般的兒童少年文學的知識之後，再來深入探討臺灣本土的兒童少年文學，一定會駕輕就熟，了解得更爲透徹。但是，一般學生不太了解設計的用意；因此，下學年度起，前者不開授，而將後者的時數增加，仍可以先講授一般的兒童少年文學，再深入探究臺灣本土兒童少年文學。

臺灣兒童少年文學的本土需求

文學來自土地，土地提供生活，生活精粹地反映在文學上；因此，文學必須植根於本土生活。兒童少年文學是文學的一環，當然也不例外。

臺灣兒童少年文學在此時此地，更需要重視它的本土性。而本土性的基礎，在於現實生活上。如果兒童少年文學創作者生活充實，對孩子的生活也有深刻而廣泛的觀察、感受和了解，取材時必能左右逢源，感情豐沛。孩子有性別、年齡、城鄉、族群、興趣以及程度等等的差別，都會反映在生活中的言行舉止上，千奇百變，個個不同；以之爲題材，創作出的兒童少年作品，也就多彩多姿，呈現生活的豐富與多樣。

所謂「本土」，或作「本地」、「鄉土」，一般稱之爲故鄉、家鄉、鄉國等等。它比較完整的定義是：

「一個人出生或長期居住的地方，是人們最近的生活空間，與現實生活有密切關係的自然空間與社會。個人生活於其中，必有舒適如歸的感覺，也具有深厚的情感，能自我實現，並受其影響；即使因故離開，其中的事物對他仍具有特殊的意義，常成爲回憶、惦念的對象。」

（參考並歸納、啓發自夏黎明所著《鄉土概念之初探》，一九八八年台北設計家出版社本）

兒童少年生活在土地上，此時此地的現實生活就是他的本土；小部分兒童少年隨著親人遷徙，過去生活或出生的地方，就是他的本土。就國人而言，臺灣就是我們的本土。本土兒童少年文學也就是指臺灣兒童少年文學，本土的需求與兒童少年文學息息相關。

各族群兒童少年作品同等重視

臺灣數百年來，既然是個移民社會，目前至少有臺灣先住民、河洛人、客家人和唐山人四大族群；則兒童少年文學對這四大族群的作品，也應同等對待。不幸，過去太偏重中國兒童少年文學；今後應多發掘、提倡並創作其他族群的作品。其中尤以先住民兒童少年文學，更有必要去發現和推闡。

筆者曾撰寫〈發現先住民兒童文學〉一文，引中國作家周作人說：「原人之文學，亦即兒童之文學」；因爲原人、初民的文學具有樸拙、簡單和接近原始自然等特徵；與今日我們所說的兒童少年文學性質，相去不遠。據此，今天我們要發現先住民兒童少年文學，不得不也從先住民的成人文學中去蒐尋；換句話說，除了部分極成熟的作品之外，先住民成人文學和先住民兒童文學是可以畫上等號的，它們老少咸宜，都是臺灣極其可貴的文學財產。

直到今天，先住民尚未發展出自己的文字，因此，他們的文學與文化，多靠口傳而後用他種文字記述下來；「口傳文學」成了他們最珍貴的寶藏，有待田野調查，一語一句，一字一段加以記述。先住民的兒童少年文學作品，以「充滿天眞趣味的兒童歌謠」、「謎樣的歷史時代故事——傳說」和「創世艱辛杳渺的紀錄——神話」爲大宗。爲篇幅所限，以下僅能臚列若干知見的書目，以供參考，而無法引錄作品加以賞析：

△夏本奇伯愛雅的《雅美族的古謠與文化》

△林道生編著《臺灣原住民族口傳文學選集》

△胡萬川主編《和平鄉泰雅族故事・歌謠集》

以上爲兒童少年歌謠。

△日人佐山融吉等編《生蕃傳說集》

△日人瀨夥尾寧等編《蕃人童話傳說集》（魏素貞譯爲《臺灣山地故事》）

△小川正義等調查紀錄：原語《による臺灣高砂族傳說集》（陳千武譯爲《臺灣原住民的母語傳說》）

△黃啓木等《臺灣地方傳說集》

△蘇樺著《山地故事》

△陳國鈞著《臺灣土著社會始祖傳說》

△馬雨辰著《布農族的獵隊》

△中國陳國強編《高山族神話傳說》
△中國劉清河編《臺灣高山族傳說與風情》
△曾銀花等編《雅美文化故事》
△中國蔡鐵民編《高山族民間故事選》
△金榮華編纂《台東卑南族口傳文學選》
△巴蘇亞・博伊哲努著《臺灣鄒族的風土神話》
△陳千武著《謎樣的歷史——臺灣平埔族傳說》
△孫大川採集編著《九族傳說》
△太魯閣國家公園管理處編印《泰雅傳說——祖先的故事》
△同上述傳說的有蘇樺的《山地故事》、蔡鐵民編《高山族民間故事選》、金榮華編《台東卑南族口傳文學選》、巴蘇亞・博伊哲努的《臺灣鄒族的風土神話》、胡萬川《和平鄉泰雅故事、歌謠集》、林道生編著《臺灣原住民口傳文學選集》等。

以上爲傳說。以下爲神話：

△屏東縣立泰武國中發行《原住民神話故事》
△夏曼・藍波安著《八代灣的神話》
△周宗經著《雅美族神話故事》

△陳天嵐著《山地神話》二冊
△韓逋仙譯述《臺灣山胞神話故事》
△廖毓文著《臺灣神話》
△林生安著《阿美族神話故事》
△杜傳等編《原住民神話故事》
△林燿德著《一九四七——高砂百合》
以下爲兒童少年文學散文：
△吳錦發編《願嫁山地郎》
△瓦歷斯著《永遠的部落·荒野的呼喚》
△林建成著《小米酒的故鄉》（以上三書皆台中晨星出版社本）
另少年小說也有不少作品：
△陳千武著《擦拭的旅行——檳榔大王遷徙記》
△吳錦發編《悲情的山林》
△田雅各著《最後的獵人》
△娃利斯著《泰雅腳蹤》
△李潼著《少年噶瑪蘭》
△王家祥著《關於拉馬達仙仙與拉荷阿雷》

△馬筱鳳《排灣族的一年》

△王家祥《小矮人之謎》

先住民兒童少年文學和其他族群兒少文學很不相同，表現著它的特殊風貌。它是足以傲視世界文學的一種文學財產。我們既已發現了它，就得多加研究、教學推廣。眞理大學台文系有鑒於此，也開設有「臺灣先住民歷史與社會」、「臺灣先住民文學與文化」，乃至「臺灣各族群歌謠及吟唱」等相關課程。

客家兒童少年文學亟待集成綜合

臺灣客家兒童少年文學，多年來客家學者、作家或多或少曾予創作、田調和賞析、研究，但綜合、匯集的工作做得尚不夠，注釋、解析讓所有臺灣兒童少年都了解的著述不多。在黃子堯已寫出《客家文學史初稿》的今天，客家兒童少年文學也該有人出版全面介紹的書冊。眞理大學台文系即有「臺灣客家文學歷史與各體創作」的課程，可以啓發學生去探討客家兒童少年文學。而「臺灣各族群歌謠及吟唱」課程，也與客家兒童少年歌謠有關。

至於筆者知見客家兒童少年的文學書目，有如下列：

△吳瀛濤《臺灣諺語》於一九七五年出版，收有客家童謠。

△雨青編著《客家人尋「根」》，一九八五年出版，收有數首童謠。

△馮輝岳編印《客家童謠大家唸》，一九九一年出版，凡收錄一百首。

△陳榮盛《閩南語、客家語兒童少年歌謠》，一九九五年出版，將七十三首臺灣河洛語童謠譯爲客家歌謠。

△馮輝岳《臺灣童謠大家唸》一九九六年出版，收有客家童謠三十首。

△胡萬川主編《東勢鎮客家故事集》，一九九六年出版。

這是傳統的客家童謠和故事，一代傳一代。以下爲近人創作的客家童謠，數量不多，但仍極珍貴：

△馮輝岳編著《你喜愛的兒歌》，一九九〇年出版；其中有少數客家童歌。

此外，像國語日報、滿天星兒童文學季刊等，偶而也刊有客家童謠。

在兒童少年散文方面，目前似乎只有馮輝岳的《阿公的八角風箏》一書，一九九六年四月民生報社出版。在三十篇散文中，雖然有不少河洛、客家二族共同的經驗，但仍不失爲客家兒童少年文學很具代表性的作品。

總的來說，客家兒童少年作品的數量竟不如先住民之多，希望未來能有所突破。

河洛語兒童少年文學向來是大宗

由於河洛漢人自明、清以來大量移入臺灣之後，在四大族群中，人數特別多，自然文學作品也多，兒童少年文學作品當然也不例外。但是，人上有人，天外有天，臺灣兒童少年文學的探討仍有很大的開闢空間。茲將前賢探究的一些成績列述於後，以作爲進一步研究的基礎：

△日人平澤丁東編印《臺灣的歌謠和名著物語》，有童謠等二百多首。
△日人片岡巖編著《臺灣風俗誌》，收童謠、謎語等約百首。
△李獻璋編《臺灣民間文學集》，近千首中有不少童謠、童謎。
△吳瀛濤《臺灣諺語》收有近百首童謠。
△廖漢臣《臺灣兒歌》收錄二三九首。
△陳金田編《臺灣童謠》三二六首。
△舒蘭《中國地方歌謠集成》內有臺灣兒歌二冊，凡收四一八首。
△李赫編注《臺灣囝仔歌》，九十九首。
△黃勁連編注《臺灣囝仔歌一百首》。
以上傳統童謠；以下爲創作性兒歌：
△王金選著《紅龜粿》、《指甲花》等等。
△川哲玫出版《臺灣創作即興兒歌》五十七首。
△戴正德著《鄉詩鄉圖》，用河洛語符號標注。
此外，《滿天星兒童文學》、月光光《臺灣兒童文學》、《小牛頓作文雜誌》和國語日報等等報章雜誌，也陸續刊有河洛語兒歌。

而在兒童少年詩方面，日人窗•道雄的《囝仔的筆記》，描述臺灣的土地、風俗和民情之美，無疑是很重要的一部書。而彰化康原的《說唱臺灣詩歌》、莊柏林律師的「台語歌詩」，也有爲數不少的兒童少年詩作品。又：陳昭誠的《臺灣花》、《阿母的雲》、《阿爸醉咯》和《花佫開》等童詩集中，也有爲數不少的好作品。其他報章雜誌也有，在此不一一列舉。

更重要、更多的是各類兒童少年故事，包括：民間、史地等類；屬於「總類」的也不少，如：

△台語社出版《臺灣囝仔古》。

△胡萬川總編台中縣、彰化縣諸鄉鎮「閩南語故事集」等等，數量日漸龐大。

在民間故事方面，著名的有：黃鳳姿的《七爺八爺》、《虎姑婆》等。廖毓文的《臺灣城下的義賊廖添丁》、林明峪的《媽祖傳說》、陳千武的《臺灣民間史話》、廖峰松的《臺灣動物史話》、郝廣才主編的《繪本臺灣民間故事》十一冊，以及上人文化編委會出版的《臺灣童話》三十冊等，不勝枚舉。

而在史地故事方面，文學性強的有如下述：

△施懿琳的《鹿港之旅》。

△臺灣書店出版林鍾隆、鍾啓政等人執筆的臺灣地理故事專書。

△許盧千惠著《臺灣人的歷史童話》，分傳說、荷蘭、明鄭、日據和近代五篇，

附有河洛語錄音帶。

△王淑芬、洪志明等五人著《臺灣歷史故事》五冊。

另外，在少年小說方面，更有膾炙人口的作品，如：施翠峰的《養子淚》、《歸燕》，鍾肇政的《魯冰花》、林鍾隆的《阿輝的心》、李雀美的《春珠村傳奇》、朱秀芳的《風箏》、李潼的《再見天人菊》等等。它們雖然是用華語漢字寫的，但是內容卻是河洛少年本土生活的作品。

結語

一九九七年七月，筆者所撰第一部《臺灣兒童少年文學》，由台南世一文化公司出版。近二年來在臺灣兒童少年文學界，雖然也有些作品出版，但其實並沒有很好的成績，研究、評論的文字更少，可說關心度不夠。作爲臺灣本土文學根基的兒童少年文學，在創作、賞析、研究和教學、推廣各方面，均有待吾人全力以赴；否則，面對先人辛苦走過的痕跡，我們這一代若沒有足以繼承的作品，那就有愧祖先了！

兒童少年文學的發皇，是臺灣文學壯盛蓬勃的保證。用力在兒童少年文學的扎根工作，可看出臺灣明日的希望。

向新詩國度覓童詩

筆者研究並講授兒童少年文學已有十多年的經驗，在各種兒童少年文學體裁中，最喜愛童詩；因爲它的文學純度最濃，也很能撼動童心，引起感情的共鳴。但是，憑良心說，合乎上述要求的童詩並不太多。其原因，除了絕大多數的童詩都不押韻，先天上就喪失了韻文的聲情之美外，詩質不夠，以及作者多半半路出家，不完全了解「詩」的特質，偶而寫幾首一般人認爲的好詩，或獲得童詩獎，就沾沾自喜，以「詩人」自居，不再進步了。

因此，如今要「振興」童詩，根本之道，在讓童詩人或學童們了解甚麼才是「詩」？正港的童詩要怎麼寫作？要回答這些問題，我們不妨向新詩「借才」。近日服務於文化復興運動總會《活水》雙週刊的黃基淦先生，寄來了一本《活水詩粹》，是停刊前的結集書，以「活水」爲主題。其中即有多首富含詩質，可以選作童詩範例或取材的新詩。

例如：羅門的〈活水之歌〉說：「從泉水到河水到海水／水是活的」「不陷步於井／不固步於湖／不止步於江／一直在流　流入無限／回頭看　源遠流長／向前看　波濤

洶湧／／海闊天空」。（／／，指前後句並排）這是《活水》的刊頭詩。詩中「陷步」和「固步」的用詞，很新穎但對兒童少年來說稍微深奧以外，其他都很容易懂，是在讚美活水的前進、開闊和不侷限於江湖之間，也是「作者對人類生命的禮讚和期許」（鄭明娳教授釋義）。

印尼華僑西西麗亞小姐的〈氣球〉說：「鼓著氣　披著／你為我編織的彩衣／……向不勝寒的高處／風姿萬千地／飄曳／俯視宇宙／看盡人間美好醜惡／最悅目的還是幼童們天眞無邪的笑臉」「怕你看到　我那／即將縮扁變皺的身軀／請放掉你手中的線讓我／帶著美麗的心飛向虛空」。此詩表現氣球——暗指作者的「曠達無私」（鄭明娳語），有較深的內涵意象，是一首難得的好詩。

此外，張健的〈晨景〉和溫瑞安的〈活水〉，都可算是「童詩」，給孩童賞讀。本書中另有一首余光中的〈瀑布〉如下：

「一聲大喝，推開長空與高崖／……／在轟轟的呼駭裏一縱而來／萬壑千山都攔你不住／崖下的怪石也不能嚇阻／誰都擋不了一條活水／向絕路尋找自己的生路／只因在山外把你等待的／不是別人，是海」。

誠如鄭明娳所說，瀑布的特質是「力量強、速度快、景觀雄渾、聲音響亮」，詩中表現得很好。筆者更欣賞的、覺得更具有兒童少年文學「潛在教育性」的句子，就是：「誰都擋不了一條活水／向絕路尋找自己的生路」，這一句話給予孩童多少向前奮進的啓示力量啊！

全書二十五首新詩中，約有五首佔五分之一的「童詩」，值得選錄給兒童少年看，讓他們多接觸飽含詩質的字句，以後寫起童詩，才能寫出詩意盎然的「正港」好作品來。

從新詩中挖掘童趣

童詩是詩，新詩也是詩；有童趣的新詩，可以給兒童少年誦讀；台中師院實小的蔡榮勇老師多年來即如此教學、實驗，成效良好。童詩八歲到八十歲都喜歡看，所謂「老少咸宜」。從新詩也常可以挖掘到許許多多的童趣。

古今台外，本來並無童詩；童詩是先由成年詩人關心兒童少年而創作出來的；或者由成人選、譯、編輯適合兒童少年閱讀的古今成人詩中比較淺易的篇章。換句話說，童詩是由成人詩而來；因而二者之間有性質上的相近，以及淵源上的相關。不信，我們來看看高雄三民家商黃文進老師的新詩集《孤鳥》。

《孤鳥》集，一九九九年一月由高雄復文圖書出版社印行，是黃先生去年申請高雄市文化基金會補助出版的詩集。看集末所附審查委員（由筆跡看，可能就是余光中先生）的評語，說：「（前）四卷均有佳作……都引人入勝。作者下筆明快，……善用比喻，富幽默感。」其實，年紀才三十多歲的黃先生，更以兒童文學名家，曾三度獲得高雄市柔蘭獎、台北市青少年兒童劇本獎，以及全國的多次獎項；最近臺灣時報西子灣副刊才專題報導過他的成就與貢獻。

在童詩方面，他數年前已出版專集《童話河裏的魚》。《孤鳥》是他的第一部新詩集，其中仍不脫童詩的影子。卷二的〈童年往事〉一題凡四首即是。筆者尤其喜愛〈之三——泥土篇〉：

「母親的追緝令一到／總得依依不捨的話別／但腳一踏入門檻／擁抱你的渴望／立刻又油然而生」「剛挖通的地道／會不會被小狗掘壞？……」「於是／內心一陣拔河後／我又跨出了門檻……」

不止孩童喜歡玩泥巴，親近泥土；作爲一位臺灣本土兒童少年文學作家，童詩也寓有認同土地、認同臺灣的弦外之音吧！

此外，有更多的新詩也具有童詩的特質，可以選編給兒童少年賞玩：如《車禍》：

「肉包子／哪堪鐵拳？餡兒／都跑出來了……」

以人比「肉包子」、車子比「鐵拳」，就是前引評委所說的「善用比喻」。兒童少年看了能不更加注意交通安全？此詩具有童詩必具備的「潛在教育性」，非常難得。

而「夜宿山莊記聞」的第二首〈狗吠〉：「風搖醒樹／樹搖醒影子／影子搖醒狺聲」「初爲水滴／後成河流／俄而，一片汪洋」。雖然「狺聲」（犬狗叫聲）、「俄而」二詞較深（前者爲會意兼形聲字，尚易了解。兒童少年文學的用語，要淺顯易懂，不必查字典），但詩的寫作技巧和帶給孩童的意象，卻很具有兒童少年文學最重要的「文學性」。

又如：〈風和雨露〉一首，很能寫出兒童少年文學需具備的「趣味性」：「是誰的巧手／把秧苗／織成了綠毯／鋪在一大片蛙聲中」「是誰的巧手／把綠毯／變成了稻花香／灑在無垠的星空下」「是誰的巧手／把稻花香／釀成了一罈罈的酒／掛在老農們的嘴角邊。」答案當然是「風和露」。此詩由秧苗而綠毯而稻花香而酒，層遞漸進，由具體而抽象（老農嘴角的笑與滿足陶醉）；也把兒童少年感興趣的青蛙、星星和幸福的歡樂，都表現出來了。

再有〈復活〉、〈祭〉、〈淚〉等，也都適合兒童少年閱讀。上述兒童少年文學需具備的文學性、趣味性、潛在教育性，以及最基本的「兒童性」（不是小大人、不是大人文學中的膚淺成分），黃先生的詩都有了；只要我們去挑選那些適合給小孩子閱讀的詩即可。

本來兒童少年文學作品的來源，可有新創的、翻譯的（古今台外成人、兒童少年作品）、改編的（不同體裁作品的轉換；如：少年小說改編爲童劇。）、改寫的（同一文類縱向或橫向的轉換；如：古詩改爲童詩；外國詩改寫爲童詩），以及「編選的」（挑選好的作品多了以後再編輯成冊）。從現代新詩人的作品中，編選出適合兒童少年閱讀的童詩別集或總集，是一件比較省事而重要的作法。

由黃先生的《孤鳥》新詩集至少可以選出上述十首給小朋友賞讀。另外，還有一首與書名相同的詩，自注是「爲澎湖愛滋病學童而寫；他因爲輸血而感染了愛滋，結果同學在家長的安排下，一一離他而去……」這是數年前「駭人」的新聞事實。它是一首很好的童詩：

「茫茫的天空下／自個兒看／水　乾／草　枯」「而／鳥群回來的路／網／擋著。」……

兒童少年詩質與成人文學相通

兒童像一張白紙，給他什麼，他就學什麼。只要是他們所喜歡的文學作品，他們是沒有成人寫的或兒童少年所作的區別，甚至他們也不分韻文、散文或故事、小說。但是，他們最會分辨好看、不好看或喜歡、不喜歡。因此，創作兒童少年文學作品，除了當然須具備文學性（含兒語性）之外，最重要的是要有兒童少年性、趣味性和潛在教育性。這「潛在教育性」，指可以潛移默化兒童少年的氣質；「趣味性」，指要符合他們的興趣、對了孩子們的胃口。

其中最重要，而且是最難做到的是「兒童少年性」——包括兒童少年心中所想、年段所能接受，以及他們的感受。畢竟他們有他們的「領空」；大人雖然曾是小孩，但時空已變，想回去也回不了；因此，除非兒童少年能寫好的文學作品，否則，成人所作的，多多少少都會有「代溝」。多了解兒童少年、多研究兒童少年，把代溝減到最低，就是好的兒童少年文學作品。

二〇〇〇年五月，彰化縣文化局出版了新詩人渡也的第二部「兒童詩」集《地球洗澡》。詩人自序其童詩的特點是「具有純樸、趣味，甚至哲理之美」。以下筆者將以上述最重要的「兒童少年性」爲判準，來討論他的童詩：

「小明胸前戴了／兩朵康乃馨／一朵紅色／一朵白色／我問他爲什麼／他說：「我本來有媽媽／後來，媽媽又嫁別人了」（〈康乃馨〉）

這首詩的「兒童少年性」是在天眞十足的陳述；因爲不懂成人世界所可透顯的母親再嫁的哀愁，所以戴雙花的小明，他天眞的言語惹得了多少成人的心不忍！

另一首〈願〉，寫的是無理而妙的孝心；但結果還是出之以鬼靈精的童眞：「爸爸／當你年老時／我願成爲你的牙齒／幫你咬東西／我願成爲你的胃／幫你消化食物」「因爲……／因爲我也喜歡／吃」。

兒童少年的愛是無私的大愛，令人佩慰；好童詩經常也是以此爲題材。渡也有幾首詩如此，例如：〈賽鴿〉：「叔叔養了幾十隻鴿子／每天他把鴿子趕出去／命令他們飛，拚命飛／說那就是上課／鴿子繞了幾個大圈／很辛苦／還喘著氣／叔叔爲什麼不讓牠們下課呢？」這種愛是童心中最美的部分，成爲提引自己未來以及其他人類向上的憑藉。

最後再舉一首〈茶壺〉爲例，來彰顯童愛的偉大和無所不在：

「ㄅㄧ-ㄅㄧ-ㄅㄧ／水開了」「弟弟笑著喊／『哇！茶壺好快樂／在吹口哨』」

「哥哥說：『亂講／熱水在茶壺肚子裡／它痛死了／所以才哀叫』」。

兒童少年文學是文學的一環，也是成人文學的基礎。要了解臺灣文學，由具有鄉土味、兒童少年性等的兒童文學入手，相信是一條便捷而正確的路。

李潼「臺灣的兒女」小說系列芻探

和李潼認識在兒童文學，他的童心無限。知道他是蘭陽之子，而自己是蘭陽女婿，就更加的感到親近。才拙如我，捧讀他一本本贈書，也只有列列書中的錯植字，供他再版時參校。竟因而能率先校讀他費時四年，總數達一百多萬字的《臺灣的兒女》十六巨册，眞是三生之幸！

不過，校對時「有字無篇」，注意力集中在字形和用詞上，無法細品內容情節。直到寒假，才有空重逢這十六部臺灣青少年小說。它們的取材、人物、情節、寫作技巧等等，一再創新突破，多元多樣；不過，從內容加以分類，仍可以分爲下述六類：

一爲歷史事件：《戲演春帆樓》：藉著一齣國中生舞臺劇的演出，把李鴻章、伊藤博文在日本下關春帆樓，割讓臺灣的史實表出。而《開麵拉，救人地》：用拍一場現代電影的情節，映現了先民渡台艱困墾殖的過程，展現臺灣人超強的生命力。又：《我們的祕魔岩》：三位青少年中有一位是遺腹子，出生三個月前，父親無緣無故的失蹤了；爲什麼？二二八事件！他們從追逐眞相的抗爭、傷恐、要求血債血還，到寬容、追求和平，諸多峰回路轉的歷程，構成了這部小說。可能因爲李潼的太太是江西人，他有這樣的安排。第四部是《少年雲水僧》：寫國民黨政權連由中國飄洋來台的小沙彌，走在大街上也被誤爲匪諜而遭逮捕，差點喪命；這正反映出白色恐怖的歷史現實。

此類共有四部，佔四分之一，在各類中最多，可說是李潼特別重視的題材。

二爲風土民情：《四海武館》，以拳頭莊舞獅爭霸戰爲經，透過少年主角阿昌的觀察，表現臺灣鄉村基層文化之一的武術，字裡行間，飽含著「長幼倫理和吞忍與還擊之道」、講道義、「爭中有動的氛圍」（李潼自序語）。而《火金姑來照路》，則寫少年主角張弘朋的前世是一歌仔戲老前輩，在日本高壓殖民下，仍拚命護衛、繼承歌仔戲不絕如縷，像極了螢光，雖小而令人動容。第三部是《尋找中央山脈的弟兄》，在十六冊中字數最多。寫來自中國舟山群島雙胞胎少年兄弟，因故失散，弟弟加入寶島文化工作隊，深入東西橫貫公路的工地現場，找尋他的小哥。終究沒尋著，但他已化兄弟之情爲同胞、鄉土之愛了。

三爲環境保護：「插天紅檜，曾經立滿山頭；而現在只見滿山樹根殘樁，……」，今昔之感，是古今詩文的主要情調。本篇小說由開蹦蹦車的少年黑豆眼中，看見宜蘭太平山千年紅檜，也其實是由一粒粒芝麻大的種籽長成的；多少歲月才能如此，怎不教人興起環保意識呢？《太平山情事》這本小說的呼籲，要比去年各界保護棲蘭山神木的行動，早上許多年。

四爲特殊人物：《福音與拔牙鉗》寫一八七二年加拿大牧師馬偕博士來台，爲了傳播基督教義，他每天站著拔幾百顆牙，來取得臺灣平埔族住民的信賴，其形苦，其心難。這也是身爲教徒的李潼義不容辭的一本小說。而《阿罩霧三少爺》，則以筆者叔公林獻堂先生的少年老成爲主軸，說他看世事有定見，遇大事有擔當，因而日後對臺灣文化以及領導台人思想抗日，有很大的關聯。更有《頭城狂人》這一部眞人眞事小說，刻畫本土作家李榮春先生不平凡奮鬥的一生，他甘於挑沙石、婉拒婚姻、忍受鄰里的譏諷，只爲寫作！但一生卻沒沒無聞。

五爲社會關懷：《白蓮社板仔店》透過阿祥等一群少年，面對九年國教的實施，不必聯考，不必惡補，呼應了近年來教改的工程。阿祥並參與父母親投入的縣議員選舉，反映許多國民黨惡質的選舉花招；而他們也由分辨眞僞中成長了。至於《龍門峽的紅葉》則寫一九六八年首敗日本隊，登上世界少棒冠軍寶座的台東紅葉少棒隊艱辛奮鬥的歷程，臺灣棒球因此揚威世界近三十年。它觸及到的是體育、運動員的人生何去何從等等問題。這是極嚴肅的社會關懷。《夏日鷺鷥林》，從國中休學生俊甫的望遠鏡中，小說採用罕見的第二人稱觀點，看到每個白鷺鷥家庭的生命哲學，也反省出人生以及臺灣的未來；「擔憂遠山的雷電，遺忘足下的土地」（李潼自序引），是作者要警醒讀者的，也是廣義的社會關懷作品。

六爲時代映現：《魔弦吉他族》，寫一群現代民歌手的奮鬥過程；作者以說十四把吉他被偷的故事，來呈現一九七五年之後七、八年間，民歌手脫離美式文化，而創作出臺灣年輕人自己的音樂與生命。李潼也是校園民歌手中重要的一員，此篇可謂是現身說法。而《無言的戰士——林旺與我》，寫的是一九四四年中日戰爭時，緬甸英軍的拖砲象林王，被日軍俘擄，後又歸中國孫立人將軍，成爲戰利品送給臺灣，現在在木柵動物園；這是胖林旺。而李潼安排了一位照顧牠的瘦林旺，二林同歷戰爭，感情非比尋常，直如難兄難弟，有情有義，頗爲感人。

這十六部小說，主題在找回臺灣人的大格局、責任感、熱情度和自我認知。它們出自曾獲三十多座獎項的李潼筆下，在小說藝術上，當然有不少成功和值得學習的地方。這在許多部小說中李潼的自序，或各部都有的文學工作者的導讀、批評中，均可見知。李潼用心、努力，推陳出新，劍及履及，是首先要加以肯定的。

不過，白璧微瑕不能掩其光輝，而且世事沒有十全十美；因此，就筆者拙見所及，提出一二商榷的管見，未必確當，只作爲答謝李潼平日不棄之情。

在《無言的戰士——林旺與我》中，雖然寫瘦林旺的情義，也是我臺灣兒女應有的修養，但是以一隻外國的大象爲主角，畢竟太牽強了些；而中國孫將軍擄獲的戰利品，畢竟不是臺灣本土所產，要臺灣的年輕兒女學習牠，也一樣的牽強。

又《魔弦吉他族》寫校園民歌手的奮鬥。民歌影響臺灣音樂的時日不長，與臺灣四百年或以後更長的年代相較，可說微不足道。而且和現代詩對詩藝術的發展一樣，它無疑的也有負面的影響。再說其中的本土性多不強。「曇花一現」的事物，如今已受歷史的淘洗，雖作者曾參一腳，但仍以避嫌爲宜。以上二本小說可改換別的主題，更切近臺灣歷史、地理、人文或生命、精神，對今後臺灣的兒女將更具潛化的作用。

另外，各部小說之後均附錄「歷史觀景窗」，對小說所描繪的人、事、物背景，提供不少資料性的訊息和圖片等，方便而極富參考價值。不過，《四海武館》中，在「武館發展的背景」、「武術的派別與內容」之後，由於武術表演經常是在廟會出現，有「廟會活動」一節，自然可說對題；但因而談到「王爺信仰」、「媽祖信仰」，則顯然是扯得太遠，離題了，試問臺灣的信仰何止一二種？

臺灣文學家牛津獎紀事

為臺灣文學立座標的葉石濤

以一位課業繁忙而眼力差的小學教師，而有七十五部以上的作品，和無以計數的單篇文章；而且又在臺灣短篇小說界稱王、文學評論上具有指標作用、譯作多元多面而信雅達兼備、散文中充滿美的意象，乃至建構出臺灣文學史的框架等等，筆耕近一甲子，作品源源而不絕——葉石濤老先生這些成就，使得人稱臺灣四百年第一系的淡水工商管理學院臺灣文學系，滿心歡喜的，也責無旁貸的，一九九八年十一月七日為他舉辦學術研討會，會議定名爲：福爾摩莎的瑰寶——葉石濤文學會議。

當天會中，淡水學院頒贈「臺灣文學家牛津獎」給葉老；而由去年牛津獎得主巫永福老先生宣讀「獎詞」，以象徵文學前後的傳承。獎詞如下：

「在臺灣文學最昏暗的時刻，用鄉土點亮一盞燈；在臺灣文學最迷惑的時刻，用臺灣意識闢出一條路——用一生，爲臺灣文學立坐標。」

葉老的文學有三大擅場：小說、文學評論和翻譯。首場演講即請鍾肇政先生主講「漫談葉石濤的翻譯」。二老曾受日本教育，也都有大量的譯作，葉老即多達三十三部，近年的《臺灣文學集》和《西川滿小說選》，尤爲著名。鍾老暢談葉老翻譯的各方面，而歸結出「信」的特點，說：「換言之，是『絕對正確』的」。畢竟日文是葉老的第二母語啊。

另一場專題演講，則請彭瑞金擔任，以「葉石濤評論與臺灣文學發展」爲題。暢談葉老評論的根源與理論、從荒蕪中崛起的「臺灣的鄉土文學」、臺灣意識論的效應與紛爭、代替文學發言的創作，以及多種族風貌文學論的眞面貌等五個子項。

葉老文學的重鎮——小說，則安排兩篇論文發表：一宏觀；一微觀，以小見大。許素蘭老師的論文〈在禁錮中找尋生命的出口——葉石濤《齋堂傳奇》的雙重主題〉，探討葉老以一九四四年日政末期臺灣人被時代悶局所禁錮的心靈世界，一方面渴望和平的非戰思想，一方面反抗極權的抗議；而這些嚴正的主題，卻藉十七歲主角李淳青春期對於情慾的生命經驗表出。全篇小說也時時浮現葉老帶有「生命不可逆轉」的失落與孤寂之情。

另一篇是旅日張良澤教授的〈短篇小說之王——葉石濤小說管窺〉。他以手邊有的葉老十三本小說集之中的八十八篇小說，加以研探，認爲葉老可以和世界短篇小說之王莫泊桑相提並論；二人對小說寫作均具有開創性，而葉老的產量又勝他一籌。和同時代的小說家相比，葉老作品更具有趣味的故事性，以此來感動和潛移默化讀者，並不假說教。

葉老的文學評論著作，即有十三部，最膾炙人口的有《臺灣文學史綱》、《臺灣鄉土作家論集》等等；他也早在一九六九年即榮獲文藝評論類中國文藝獎章，二〇〇〇年又獲榮譽文藝獎章。首位全力研究葉石濤文學的余昭玟老師，發表「葉石濤評論特質初探」。雖自謙爲初探，其實已深入探挖葉老文學評論的淵源與動力、評論的理論內涵，以及其實際批評的應用。這篇論文可以和上述彭瑞金的專題演講，綰連並比，相得益彰，更加了解葉老的文學思想與文評深心。

散文是一切文體的基礎，自然葉老也有散文集的創作。陳凌副教授即從他的《不完美的旅程》一書，來分析它的感官意象，從而歸納出葉老散文的特色：「性情溫厚，節奏舒緩，辭藻淺白。」文如其人，這種特色正是葉老人格的體現。

葉老創作六十年來，艱苦備嚐，曾被跟蹤多年，更曾「吃牢飯」；但他一本初衷，堅持本土，爲臺灣文學向世界發言。加上研究、肯定臺灣作家，以及培植新作家等等功績，前後已贏得包括時報文學獎（文化特別貢獻獎）的十多次有形獎掖，他眞是臺灣文學稀有的瑰寶！

葉石濤究竟寫過多少書

葉石濤先生生於一九二五年。自十六歲開始寫作迄今，長達六十多個寒暑。鍾肇政先生說他是「不朽的老兵」，鑽研葉老小說的余昭玟說他是一棵「長青樹」，而彭瑞金稱讚他「爲作家永不停歇的創作精神，立下了不朽的示範」；這三位論者的共同意思是：葉老的創作量極大；計有小說、文學評論、翻譯、散文和編輯等五類，七十五部。

但這七十五部還未必完整，葉老在一九九八年十月十四日的來信中，說：「至於我的翻譯、著作目錄有些小錯誤，但大致上正確。我能注意到的我已訂正了。不過出版得太多，難免有些漏掉，這也無可奈何。」葉老自述「出版得太多」，話說得好像很容易，其實多半是血淚熬出來的！

葉老在工作並不輕易的小學服務了四十多年，業餘寫作；這麼多產，可見他的辛苦。近年又因糖尿病引起指數達二百的高血壓，以致眼力不好，左眼近瞎，必須使用放大鏡。他曾經開了刀，但效果不好，一九九八年十月二日的信中，說：「我底左眼快瞎了。過幾天要開刀。希望研討會（華按：指「福爾摩莎的瑰寶——葉石濤文學會議」）時，可以重見光明，看得清楚。」

葉老在五、六〇年代為臺灣鄉土發言，八〇年代努力建構臺灣文學史，寫作不輟，作品源源不絕，單篇文字無以計數，集結成書者多達七十五部以上，人言他著作等身，誠非虛語。

福爾摩莎的瑰寶——葉石濤文學會議記

一九八三年，筆者在中華日報副刊曾寫了一文〈南征北討爲那樁〉，說自己喜歡充電，參加各種有興趣的學術研討會的理由。多年來，也參與過無數次的會議，名號牌之多簡直可以供開一次會議使用；但是，籌備大型的「福爾摩莎的瑰寶——葉石濤文學會議」卻是平生第一遭。

一九九八年八月，「流浪到淡水」奉獻給臺灣文學系。之前的六月中旬，列席系務會議，就聽到今年系裡要續辦「臺灣文學家牛津獎」和文學會議，說是先前就決定對象是鍾肇政先生或葉石濤先生；鍾老一九二五年年初生，葉老年尾生。據悉該獎只頒給健在的文學家；當時有人徵求我的意見，我全然不知二老的情況，隨口說：誰的健康較差，就先頒給他。代理主任說：那就先頒葉老好了。就這樣定了案；但壓根兒也沒想到所有籌辦的工作，要到八月才由我一肩扛起。

上任前一二天，代主任向我提到辦文學會議這一回事，要我自個兒想辦法。我責無旁貸，暗中摸索，草擬舉辦緣起、寫企畫書。也修函募款，多達二十一件。忙中自成序，現買現賣，「大日子」——十一月七日校慶週週末，一天天的逼近了……

擬議程表，有「開幕典禮」；靈機一動，得邀請上屆獲獎人巫永福先生，在會上宣讀「獎詞」，以象徵臺灣文學前後的傳承。而獎牌也要改良，乾脆將禮儀店宣傳樣本，先挑出十多種款式，寄請葉老決定。他很客氣的回信說：我沒什麼意見，樸實就好。後來和出版組后思林主任「參詳」後，決定了一塊以鵝毛筆爲主圖案的座牌；而后主任在左上加上本校牛津學堂的附圖，「金碧輝煌」，以紅絨布襯底，煞是高雅。我不禁要羨慕起葉老來了。

學術會議本身，爲使其多姿多彩，因而有「專題演講」二場、「論文發表」二場四篇，以及一場次的「專題座談」。主要動機定在爲青年學生舉辦；因此，內容固然要學術化，也希望深入淺出，大一大二學生即可以聽懂受用。

葉老的創作和研究方面很廣，以小說、翻譯爲大宗，文學評論稱大家，散文、雜文也有其特色。因此，經過了若干周折，也無暇細述；最後決定今天所見的議程：鍾老「漫談葉石濤的翻譯」，是第一場專題演講，第二場則請彭瑞金主講「葉石濤評論與臺灣文學的發展」，時間一在上午，一在下午。

上、下午又各有一場論文發表：上午是陳凌副教授的「葉石濤散文之感官意象分析——以《不完美的旅程》爲論述場域」（李魁賢先生講評）、許素蘭老師的「在禁錮中找尋生命的出口——葉石濤〈齋堂傳奇〉的雙重主題」（許俊雅教授講評）；分別探討葉老的散文和小說，觸及到葉老寫作時最深刻的內在。下午的一場，由余昭玟老師發表

「葉石濤評論特質初探」（陳萬益教授講評）、張良澤教授發表「臺灣短篇小說之王——葉石濤小說管窺」（李喬先生講評），探究的是葉老的小說和文學評論。都有精彩而有趣的「演出」。

會議的壓軸是由陳千武先生主持的專題座談，談的是「臺灣文學教育的過去與未來」。陳先生認爲有怎麼樣的教育，人民就形成怎麼樣的性格。臺灣人過去接受日本的文學教育、中國的語文教育，形構不出臺灣人的性格。引言人莊萬壽教授、鄭烱明詩人、陳萬益教授和彭瑞金老師，均各有所抒，剖析精到，而又用心良苦。

一場學術會議，事先必需編輯〈會議手冊〉和〈論文集〉。一般會議手冊的內容多半是「流水帳」，千篇一律。個性較追求理想、美感的我，要在內容上突破，新增「葉石濤先生小檔案」、「葉石濤先生著作知見類目」、「葉石濤文學成就佳評如潮（舉隅）」和「葉石濤獲獎紀錄」等數項，目的是要讓與會者永遠不會丟棄這本「手冊」。

而論文集的編纂，也願意費心，除了當然把四篇論文編印出來以外，也依議程又列了「專題演講」的全文或綱目，「專題座談」的相關資訊。並有附錄，談及「會議緣起」、「葉石濤先生究竟寫了多少書」等等，使整個會議的全豹呈顯出來。

在論文集和會議手冊的編印上，和后主任用了許多心思，如字體的變化、單面印刷、書角安上小插圖等等，力求有美感而高雅。尤其是紙張大小、顏色，以及封面重點字燙金、風景圖片的挑選與美術處理、書下反白長條的設計等等，更是絞盡腦汁，再三測試。

后主任眞是多才多藝，任勞耐煩；因而終於有令人賞心悅目，大家頗爲稱好的會議資料呈現在讀者眼前。

而文建會、省新聞處、省文化處、臺灣筆會、文學臺灣基金會的補助款，也陸續來到；教育部顧問室的，更在開會前一天批下，後二天接到公文，讓我們沒有「後顧之憂」。均在此一併致謝。

當然在茶敘點心、午飯餐盒的設想採買上，也要給來賓有賓至如歸之感：鐵蛋、魚酥由下午的茶點，改在上午使用，目的在使遠道來賓有一新耳目，增加印象之美。中午採日式料理，不油膩；想換換聽衆的口味。下午茶點則爲西式糕點，甜蜜的，琳瑯滿目；這又是一項令人難忘的，不管是褒是貶。

至於有幸和台文界大老葉老、鍾老、陳老（千武先生）等等，通信、聯絡和親炙請益，前一晚在淡水著名的歷史建物小白宮中，長談臺灣文學的種種，則是難逢的福份。由於平生第一次辦大型活動，百天的投入，可說事必躬親，目的是要有苦先嚐，接受洗禮，明年方知有什麼工作可以央請同人分勞。今年自己是現買現賣，在忙亂中日日成長，逐步成形。上天疼我，大抵順利地辦完了這一項臺灣文學盛會。後續工作的整理會議紀錄、編印精裝本、報告各捐助機關所謂「成果」等，也一件件到來。

會後休息一天，第二天——十一月九日，又開始投入明年「鍾肇政文學會議」的籌備工作了，……。

為臺灣堅持土地風標的鍾肇政

「首開戰後臺灣文學史頁，是大河小說創作的先行者，也是培育臺灣文學菁英的導師，更致力於改造社會，投入民主運動，著作等身，體大而思精，允爲臺灣之文豪。」

這是一九九九年十一月六日，眞理大學頒贈「臺灣文學家牛津獎」向鍾肇政先生致敬時，所宣讀的獎詞。

當今臺灣本土文壇，所謂「北鍾南葉」，鍾肇政先生和葉石濤先生一樣，以一位課業繁忙而服務三十餘年的小學老師，而有一百三十部以上的著作；並在臺灣長篇大河小說界稱王，又在辦文學雜誌、編輯民衆日報副刊之餘，大力提攜後進；尤其在年事已高時，還出面領導客家運動，投入臺灣民主的建構，均爲人所不能爲。其筆耕四十餘年，《濁流三部曲》、《臺灣人三部曲》，早已膾炙人口；小說《魯冰花》改編爲電影，當年特別在總統府放映，政府高級官員哪一個不熱淚盈眶而矢志辦好教育、中興人才的呢？

此外，現年七十八歲的鍾老，尙有一個絕活，那就是翻譯。他的譯作多達四十七部，而且當初譯就出版時，也都風行一時；像：日本的《沙丘之女》、《金閣寺》、《阿信》等等就是。而他在當年的政治風氣中，大膽的編選出《本省籍作家作品選集》十冊、《臺灣省青年叢書》十冊，都是劃時代的創舉。而一九九〇年編選出版的《臺灣作家全集》凡五十冊，更見出他的魄力！

鍾老這些成就與貢獻，使得人稱臺灣四百年第一系的眞理大學臺灣文學系，滿心歡喜地，在十一月六日爲他舉辦學術研討會，會議定名爲「福爾摩莎的文豪──鍾肇政文學會議」。

當天，除了鍾老之外，也邀請臺灣文學界的大老們──巫永福、王昶雄、陳千武、葉石濤先生等出席。會中，葉校長頒致「臺灣文學牛津獎」給鍾老；而由去年牛津獎得主葉石濤先生宣讀上文首段所列的「獎詞」，以象徵文學前後的傳承。獎詞係出自最了解鍾老的、時任臺灣筆會會長李喬教授的大手筆。

此次文學會議，安排有二場專題演講、二場四篇論文發表，以及一場專題座談。第一場專題演講由鍾老的忘年之交、現任工業技術研究院電子所的錢鴻鈞博士主講。

第二場專題演講，範圍更廣泛，臺灣筆會會長李喬教授主講「鍾肇政文學面面觀」。本身也是大河小說家，寫過「寒夜三部曲」的李教授，先從鍾老的文學脈絡談起，再由小說家的鍾老、文壇引導人的鍾老、社會改造者的鍾老，以及「大浪漫的古典文人」鍾老等四方面，暢談鍾老的文學；歸結出鍾老的文學是今後文學研究的好對象。

至於二場四篇論文的發表，第一篇是長庚大學陳姿蓉教授的〈傳記與小說——鍾肇政的傳記小說〉，不厭其煩地探析鍾老《望春風》、《姜紹祖傳》和《原鄉人》三部小說與傳記的性質關係。而成大中文系、所的胡紅波教授，以臺灣客家人對族群文化與文學的熟悉，要探究鍾老〈兩套《三部曲》裡的山歌、採茶和民俗語言〉，使會場洋溢客家情調。另有曾喜城教授的〈試論鍾肇政《魯冰花》小說及電影〉，探討小說、電影本身，以及小說改編爲電影之間的優點與落差。這部當年賺足了許多人熱淚的電影，如今再次重溫，使人有許多的感慨與省思。第四篇爲南台技術學院的彭錦華教授精到的〈南北二鍾的傳統空間論述〉，談的是一般學者所不敢涉及的風水說、風水論述，這個與臺灣民間息息相關的課題。

除以上四篇論文之外，由於會期僅一天，而未能排入議程的論文，也有二三篇，例如：莫渝先生的〈借鏡、慚愧與虛擬——談鍾肇政的翻譯書《朝鮮的抗日文學》〉、施正鋒的「鍾肇政的認同觀——以《臺灣人三部曲》爲例」就是。由於自動提論文者，皆爲一時之秀，本校系也安排名家學者來作評論，有李敏勇、莫素微、梁榮茂、彭瑞金等，旗鼓相當。

鍾肇政先生的成就是多方面的，二十多年來，已獲得許許多多的肯定，例如：一九九三年即榮獲國家文藝獎的特別貢獻獎。一九九九年八月，再度獲得國家文化藝術獎的文藝類獎，二〇〇〇年，陳水扁總統更聘他爲藝文資政；他眞是臺灣的國寶！葉石濤先生說他「把『利』看得很淡，一生中只埋頭寫作。」綜觀他主要的文學成就，仍在開創大河小說的寫作，肯定臺灣這塊土地的歷史與人民，在兩套三部曲、高山組曲的傑出作品中，「虔誠而準確地刻摹這塊土地上先民奮鬥的業績，固執地探索這塊土地的靈魂，……奠定了第一代鄉土作家堅持土地的風標。」（彭瑞金《泥土的香味》語）這樣的作家，非常值得我們肯定。

福爾摩莎的文豪——鍾肇政文學會議記

一九九八年八月四日，參加鍾理和紀念館所辦臺灣文學營。那時，筆者剛剛「流浪到淡水」台文系做工二三天，南下美濃即是要面謁葉石濤老先生，請教葉老本校將頒致「臺灣文學家牛津獎」給他，並舉辦學術會議的諸多事宜。坐在旁邊的鍾老問我說：「那什麼時候輪到我呢？」我們知道二老同年生，鍾老還在年頭呢！他們親如兄弟，也免不了有兄弟間的「爭風吃醋」。我當時所知有限，只回答說：「您的身體比葉老健康。」鍾老「哦！」了一聲，心中有喜，不再追問下去。後來了解多了一點，曾修函告知尙有：「明年您的全集會印出來，並且敝校也可能改名大學；這樣，您明年可是三喜臨門哦！」以上就是一九九九年十一月六日，福爾摩莎的文豪——鍾肇政文學會議舉辦的一段「祕辛」。北鍾南葉，畢竟在前主任任內的系務會議，已決議鍾、葉二老接連頒給牛津獎。

筆者有了去年舉辦葉石濤文學會議的全盤經驗，今年二三月即著手積極籌備工作：登報徵稿、發文給公私機關團體徵求補助、合辦等等事宜，均有充裕的時間進行。雖然這些繁雜的事都在課餘、業餘進行，但儘量使它不影響正事。因爲鍾氏是臺灣客家大老，著作又多達一百三十部以上，會議可要辦得風風光光的。

孟軻曾說：「有不虞之譽，有求全之毀。」求全猶毀，可見要把一件事做得盡善盡美，著實不容易！甚至往往是不可能。鍾氏文學會議，本系各位同仁分組投入，但仍有臨時無法掌控的狀況發生，不得不相信：人算不如天算了！

所幸，今年與會的貴賓超過三百三十位，資料一再追加。能為對臺灣文學關心、有興趣的人士辦活動，再辛苦也樂意；何況又有遠從美國回台的小說家黃娟女士，以及魏子雲、陳若曦、張放等等作家蒞臨指導，更覺榮幸。在本土大老方面，陳千武、葉石濤出席並主持專題演講的進行；林亨泰先生平日足跡不太出彰化，這次也蒞臨了，豈不難得？而巫永福老先生，則因剛開白內障，本請沈萌華先生接送，臨時遺憾未克前來。又王昶雄先生——西元二千年牛津獎得主，二三週前還「欣然規往」，但不久後則因「吊點滴」，筆者在電話中祈望他會議當天定可拔掉點滴，快樂駕臨，可惜不能如願。其他貴賓三百餘位，無法一一在此紹述。

會議前，也可說是會議重頭戲的頒獎典禮，葉校長用臺灣河洛語致辭，談及本校八月改名「眞理大學」的深義，即在吾人一生不論從事何種工作，歸根結柢，無非是在探求宇宙人生的「眞理」，並將之落實到人生日用上；宗教如此，科學如此，藝術文學也莫不如此。所以，眞理不只宗教徒需要探求。本校現有四院十八系二所，臺灣文學系是發展的重點系所，更是以探求臺灣文學的眞理為要務。今天鍾肇政先生也是因為在作品中，表現了許許多多人生的、臺灣本土文學的眞理而獲獎。

葉校長致詞後，請葉老——去年得主，宣讀獎詞，鏗鏘而標準的臺灣流行華語，由服務小學數十年的「老師」口中流出：

「首開戰後臺灣文學史頁
是大河小說創作的先行者
也是培育臺灣文學精英的導師
更致力於改造社會投入民主運動
著作等身體大思精允爲臺灣之文豪」

前後屆得主同台齊聚，象徵臺灣文學的有傳有承，繼繼繩繩，沒有竟止。

而鍾老的致謝詞，除感謝眞大給他這份殊榮之外，也客氣地說擔不起「臺灣文豪」之名，並推崇葉石濤先生於十一月十一日接受成大的臺灣文學名譽博士學位，「他才是名副其實的臺灣文學博士」！

一天的文學會議，仍沿用去年變化而不呆板的安排，即：專題演講、論文發表的交叉進行；最後殿以專題座談，有四位引言，再由聽衆發言。第一場專題演講由錢博士——號稱鍾老的忘年交，講述《流雲》小說的種種，輔以幻燈片說明。第二場則由李喬先生主講「鍾肇政文學面面觀」；李教授的學問、口才和識見一流，精彩正如預期。

而二場次四篇論文發表，分別是陳姿蓉教授的〈傳記與小說——談鍾肇政的傳記小說〉、胡紅波教授的〈鍾肇政兩套《三部曲》裡的山歌、採茶和民俗語言〉、曾喜城教授的〈試論鍾肇政《魯冰花》小說及電影〉，以及彭錦華教授的〈南北二鍾的傳統空間論述〉；而約請李敏勇先生、梁榮茂教授、莫素微教授和彭瑞金教授，分別講評。雙方面都極認眞地作一場「學術之爭」，可圈可點。凡此，均加以記錄。專題座談「文學兩國論」，邀請李敏勇先生擔任主持人，請李魁賢、李喬、施正鋒和陳萬益先生引言。四位由不同的角度、領域來申論，認為臺灣文學的養份來源多元，不只受中國文學影響而已；更不能認為台文是中國文學的一支。其中，李魁賢先生更是「罵題」，幽默的認為主題應作「臺灣文學獨立論」才對，可見他平素對臺灣文學主體性問題的觀察與心得了。

總之，這次鍾肇政文學會議是圓滿結束了，與會人士多，流程順暢，大家收穫滿滿；這對臺灣客家大老鍾先生庶幾有個交代。

王昶雄先生獲頒「臺灣文學家牛津獎」因緣

千禧年元旦逝世、享年八十五歲的王昶雄先生，治喪委員會所發的「訃音」中沒有獲獎的紀錄；那麼，淡水眞理大學臺灣文學系於一九九九年決定將於次年十一月四日，頒致「臺灣文學家牛津獎」給他，以表彰他在臺灣文學創作與評論上的成就與貢獻，並將舉辦一天以其作品爲研討對象的文學會議，將是他平生唯一的一座獎項鼓勵！

王老先生正是淡水人，一九二三年就讀淡水公學校，即今天的淡水國小。他與淡水特別有緣；一九三九年，他的第一篇中篇小說即是〈淡水河之漣漪〉；一九四二年自日本大學齒學系畢業返台，即在淡水開設牙科診所，後來轉入教育界；一九四六年擔任淡水純德女中歷史教師。

他跟淡水的緣，是怎麼也解不開的；即使在一九五〇年搬到台北市後，仍一直和台北縣結緣，例如：一九九三年，擔任台北縣立文化中心「北臺灣文學」的總編輯，關懷臺灣文化與文學。同年六月，即由縣立文化中心出版他自選結集的《驛站風情》散文集。次年，他又擔任第一屆「北臺灣文學研習營」講座，直到一九九九年，可以說終其身都在爲北臺灣文學奉獻。日昨，二〇〇〇年第七屆「北臺灣文學研習營」的課程表已收到，但是再也不能出現昶老的大名了！

其實在一九九八年秋天，當前衛出版社在台大校友會館，爲所出版的「臺灣大衆小說全集」舉辦的新書發表會上，筆者已當面跟昶老說：以後將可能頒致一座臺灣文學家牛津獎給他。他充滿喜悅，連聲的說謝謝。因爲在那之前，台文系已決定了前後二年分別頒給葉石濤、鍾肇政先生。一九九九年九月末在徵詢系同人的意見時，深怕有人反對；幸好一張反對票也沒有，差可告慰昶老在天之靈。

爲什麼昶老生前與文學獎「絕緣」？這可能跟他的代表作小說《奔流》，被人誤解爲皇民文學有關。而其實，據曹永洋先生參加昶老等所成立的「益壯會」，聚會時，昶老常批評日籍臺灣文學作家西川滿氏，不認爲西川是台文作家，就可以證明《奔流》並非皇民文學作品。希望二〇〇〇年十一月，本系舉辦的「王昶雄文學會議」中，大家可以平心來看《奔流》，給予昶老的文學作歷史定位，還他應有的尊榮。

一九九九年十月初旬，他已吊著點滴，勞他接電話，告知他本系系務會議已通過：明年將頒「臺灣文學家牛津獎」給他時，他的聲情笑貌，如今仍清晰的活現在筆者耳際。淡水眞大台文系與昶老有緣，我們將提早爲他的文學會議進行籌備，希望台文先進共襄盛舉，以慰昶老在天之靈，不會讓他失望。

終身為臺灣文學灌溉的王昶雄先生

本校——眞理大學臺灣文學系在一九九七年設系後不久，即設有「臺灣文學家牛津獎」，頒致對臺灣文學特別有成就或貢獻的文學家。巫永福、葉石濤、鍾肇政先生，前後榮獲此一殊榮。一九九九年十月，在斟酌二〇〇〇年得主時，同人決議頒給王昶雄先生。他的《奔流》等小說已膾炙人口，雖然是否定位爲「皇民文學」，各走極端；不過眞理是要越辯越明的。而〈阮若打開心內的門窗〉的河洛語歌詩，配上作曲名家呂泉生的歌譜之後，更是傳唱久遠，至今未絲毫歇止。

打電話給昶老時，他正吊著點滴，但傳來的宏朗、高興與感謝的聲情，令人久而不忘。於是，本系就在十一月六日所舉辦的「福爾摩莎的文豪——鍾肇政文學會議」畢幕時，宣佈：明年本系將繼續舉辦「王昶雄文學會議」。

一週後的十一月十三日，臺灣日報副刊「臺灣日日詩」專欄，還刊出他的〈婚禮多美好〉一首，他在病中仍寫作不輟，當時已令筆者感佩莫名了。不僅如此，十二月廿六日，也就是他辭世前七天，又刊出了〈古井札記〉一詩，可說是他最後出版的遺作了。

啊！啊！臺灣文學的先行者，對於創作是這樣的堅持，至死方休！人說中國宋代的朱熹，在死前三天仍在修改《四書集注》中的大學誠意章；猜想昶老也許在彌留時，仍握著他那枝筆吧！

「我自己有個小天地
因此我笑口常開
我深沉的心卻慈悲爲懷
取不盡的靈泉
專爲人間的枯竭灌溉……」

王老先生可說是終身爲臺灣文學灌溉的作家。他慈悲的深沉之心窗，爲全臺灣國人而打開；因此，今年會議的全名將定爲：「福爾摩莎的心窗——王昶雄文學會議」。會議前，將頒致一座「臺灣文學家牛津獎」給他；雖然他一跨過千禧年一小時多就仙逝了，但是他的詩、散文、小說、評論、歌謠等等作品，均值得吾人探討、研究。本系也將提早籌備，擴大場面，以慰王老先生在天之靈。

附記：筆者接到王老先生訃音，方知大學同窗葉華英爲他的媳婦；三十多年的故友，筆者更要爲她辦好這場文學研討盛會。

誤解一生終獲平

——寫在「福爾摩莎的心窗——王昶雄文學會議」之前

「在皇民化的奔流中
您昂然的迎風屹立
在現代化的渡口上
您是不舍晝夜的淡水河漣漪
多少的驛站風情
只要打開心內的門窗
都匯入 Formosa 共同的記憶」

王昶雄先生，是日據時代少數碩果僅存的臺灣作家之一。當年爲了「在時代的奔流沖激下，但願台胞的體魄能夠變得更堅強」而創作的小說《奔流》，卻被誤解爲皇民文學數十年。他歷經戰後跨越語言長達二十年的沉潛醞釀，終於用永遠年輕的生命力，以及有爲有守、與世無爭的氣節，以散文、新詩等等筆法描繪臺灣鄉土深情，打開臺灣久閉的心窗，指引國人面對層層的磨難，而依然充滿信心和希望，他誠然是臺灣的——心窗！

今天（民國八十九年十一月四日），眞理大學將頒贈一座「臺灣文學家牛津獎」，向他在天之靈致敬！

細數當今八十歲以上的臺灣本土文學大家，只餘劉捷、巫永福和詹冰三位；八月初楊雲萍、元旦王昶雄先生走了。

王先生於二十四歲即以日文小說《淡水河的漣漪》崛起文壇，當時他是在日本唸齒科的大學生。四年後，更創作《奔流》一篇，聲名大噪，被東京大木書房選入《臺灣小說選》中。他以虛構的角色、正話反說的修辭，將日據下臺灣人的心態描繪得貼切入微；但也因此被誤爲附和日本軍國的皇民文學，長期受到文學界的冷落、誤解。表面上大家稱呼他「少年大仔」，但是終其生竟沒有獲得任何一座獎項！

一九九八年秋天的一個集會上，筆者剛接系務不久，初見心儀已久的王老先生時說：以後敝系將可能頒致一座「臺灣文學家牛津獎」給您。他滿臉喜悅，連聲道謝。一九九九年十月初旬，系務會議終於全票通過明年頒獎給他老人家。電話中，他吊著點滴，聽著筆者的報告；他的聲情笑意，永遠活現在耳際。十一月六日下午，當鍾肇政文學會議閉幕時，宣佈本校二〇〇〇年將頒獎給他，並舉辦文學會議。豈料元旦，他竟在大家熱烈慶祝所謂「千禧年」的歡呼聲中，安詳的離去！不過，我們恭請本土畫家王老夫人林玉珠女士，代爲接受。倆老伉儷情深，文壇久傳佳話，相信昶老必定含笑呵呵，爽朗之聲縈繞左右。

昶老對臺灣文學的貢獻，除四篇中篇小說創作之外，六十多年來所撰作的新詩、散文（包含小品、遊記、隨筆等等）、短篇小說、評論、戲劇，不知凡幾，華、日文均有，特色殊具；其全集今仍在編輯之中。而一二十首歌詞中，處女作的「阮若打開心內的門窗」，更是臺灣大時代的心曲，三十多年來牽引著國人走過心靈的暗巷，迎接五彩的春光，長久留傳，對臺灣的貢獻，如何以道里計？

他的這些貢獻和成就，在號稱臺灣四百年第一系的眞理大學臺灣文學系，所舉辦的「福爾摩莎的心窗——王昶雄文學會議」中，藉由所規畫的二場專題演講及多篇論文發表，都將一一呈理在諸位的面前。另外二〇〇〇年十一月四日，眞理大學也頒贈一座「臺灣文學家牛津獎」給王昶雄先生，向他在天之靈致敬！

王昶雄文學會議二三事

由眞理大學臺灣文學系舉辦的「福爾摩莎的心窗——王昶雄文學會議」，在二〇〇〇年十一月四日圓滿閉幕。身爲主辦單位的負責人，有幾件事值得提出來談談。

昶老不幸在今年元旦走了，不滿周年，因此雖然有人認爲他高齡八十五，民間可以用紅色擺設會場，但是我們還是用金色，來表哀思。而去年鍾老文學會議有團結的客家鄉親助陣，來賓達三百三十人；今年則更超過四百位，誠如昶老哲嗣凌洋醫師所說的：「非常感謝這麼多人沒有忘記先父」。大家沒有忘記昶老，就表示大家都能打開心內的門窗，迎向臺灣更明亮、寬闊和希望的未來。

今年，本校把第四屆「臺灣文學家牛津獎」頒給昶老，這是他生平唯一的一座獎項。獎詞如下：

「在皇民化的奔流中／您昂然的迎風屹立／在現代化的渡口上／您是不舍晝夜的淡水河漣漪／多少的驛站風情／只要打開心內的門窗／都匯入 Formosa 共同的記憶。」

獎詞很巧妙的將昶老的名作〈奔流〉、〈淡水河的漣漪〉、《驛站風情》、〈阮若打開心內的門窗〉，嵌入詞句中；這是可遇不可求的「傑作」！

豈料李姓詩人朋友看了，卻說首句不妥，以爲「在皇民化的奔流中」是把昶老的中篇小說〈奔流〉認爲是「皇民文學」。其實這是個大誤解；首句並不是獨立句，它必須和第二句「您昂然的迎風屹立」連看，意思是：當時絕大部分的人都受皇民化的影響，只有昶老反皇民，他扭逆風潮而屹立，如中流砥柱一般！上述昶老的作品不加書文名號，是把它一般文字化了的句法。

昶老的作品，未「出土」的比印行的多，體裁也有小說、新詩、散文、文學評論、歌詞創作、戲劇、雜文等等。他的全集相信在這次文學會議之後，主編其事者會加快腳步，早日問世。

南部有位文友，看到會議議程表中僅有四篇論文，以爲他的作品只有新詩、散文和小說而已；其實因爲會議只有一天，而安排的有頒獎典禮、二場專題演講和一場專題座談，佔去大部分的時間，只能安排上、下午各一場凡四篇的論文發表。在會議論文集之中，實則尚有二篇論文，因時間關係未能安排上台發表。其中就有一篇談昶老的歌詞作品，即本系杜偉瑛老師的：〈從「阮若打開心內的門窗」談王昶雄的歌詞創作〉。

由於昶老生前被誤解爲皇民文學作家數十年，故過去對他的作品的研究也比較少，甚或有許多誤解或語焉不詳之處；於是筆者寫了一篇〈誤解一生終獲平〉的文字，和其他二篇小說論文一樣爲他辨誣。另外，據筆者的研究尚有下列一事可以提供學界參考：

他在一九二九年考入東京郁文館中學（相當於初中）後不久，中退，返台就讀臺灣商工學校（今開南工商職校的前身）商科，三年後畢業。這一學歷，在昶老自訂的「年譜」中並不提及；其他研究者也沒有提及。筆者因他同年工科杜麗煋老先生（同事杜偉瑛伯父）之提供，曾電詢王淩洋醫師，他說：「我爸爸所以不願提，可能有他的原因；他老人家也許不願讓人家知道有這段學歷。」爲什麼？筆者猜想可能仍是白色恐怖的陰魂不散吧！

說到此，筆者猜測昶老所以終身「好喝酒」的原因，可能是由於「苦悶」的發洩，不得已也。本系體貼昶老的心，而將「會議手册」和「論文集」的封面，採用酒黃色，希望昶老在天之靈會喜歡。

說北臺灣文學營念少年大仔

臺灣文學界尊稱的「少年大仔」——王昶雄先生，雖然已經在二〇〇〇年元旦辭世；但是，正如他所發起的「益壯會」，四月廿一日，大家仍公推巫永福老先生繼續領導，每月聚會活動一樣。王老一手策畫，已辦理五屆的「北臺灣文學研習營」，今年也由杜文靖主持、北縣文化局全額補助，利用春假仍繼續舉辦，而且聽說辦得更加有聲有色。

筆者所任教的眞理大學台文系，有十位學生被錄取，佔十分之一，非常感謝。據說計有二百八十位報名，筆者原本擬充電，也被錄取爲第八十號；但知道了上情之後，立即傳眞婉辭，以便給向隅者遞補。照理筆者並未參加活動，不應該寫此文；但是筆者「自有妙計」，除了學生的反應之外，因爲對大部分的講座、講題內容，都不陌生。

此次研習活動爲四天半，中有三次的駐營作家藝文夜談，它和鹽分地帶文學營、鹽水文史研營相同之外，屬天燈的製作和施放、平溪小火車之旅，二者最具有特色；相信這也是它吸引大家的地方，據說甚至有一家四口去參加的。其他的課程可以分爲三類：台語、台文和其他；所以，如果稱爲「北臺灣語文研習營」似乎更是「文對題」。但是，畢竟「語言」是「文學」的基礎，先語後文、語文並重是很正確的規畫設計，稱爲「文學營」又有何不可？

在語言課程方面，有黃勁連的「台語之美」、羊子喬的「台語詩的省思」；而杜文靖的「臺灣歌謠與臺灣社會」大抵也可以歸入。在臺灣各族群語之中，台語專指臺灣河洛語。而在文學方面，趙天儀的「從兒童詩到少年詩」、鄭清文的「小說寫作的方法與技巧」、許俊雅的「現代小說在臺灣」、李魁賢的「我的詩作和我的詩生活」，以及陳玉玲的「談李魁賢詩的意境」，五個課程中，詩佔其三。尤其是李詩有專論加上他自己現身說法，相信結合了臺灣、德國與中國等多國詩特質的李詩，會給研習學員深刻的印象。在其他方面，則有張德本與黃明川的「電影對談」和「電影欣賞會」，二位講座和鹿港記錄片，是筆者陌生的。此外，李欽賢的「臺灣風景文學與美術」，則在年初的鹽水文史營中已受教了，筆者也曾在民衆日報「文學臺灣」專欄，發表「尋找臺灣文學與歷史的交集」一文提及。

研習地點在汐止和平溪之間的嶺秀山莊，顧名思義，即知其風景必美。地利加上人和——唱作俱佳的主持老將杜老師，再加上天時——春假，三和之下，活動怎會辦得不好呢？北臺灣文學研習營活動的創始者——「少年大仔」：在天，可以放心的！

牛津獎臺灣文學家好事連連

承接一八八二年加拿大牧師馬偕博士來台創立臺灣第一所西式大學堂——牛津學堂的眞理大學，在一九九七年設立了臺灣文學系。設立後三個多月，即頒發第一座「臺灣文學家牛津獎」給當時年高八十五的巫永福先生，並且在十一月五日前後的校慶週中，舉辦了爲期二天，發表三十餘篇論文的「福爾摩莎的桂冠——巫永福文學會議」。

第二年則頒獎給葉石濤先生，並舉辦「福爾摩莎的瑰寶——葉石濤文學會議」。第三年頒給鍾肇政先生，舉辦「福爾摩莎的文豪——鍾肇政文學會議」。至於二〇〇〇年，則頒給元旦剛過世的王昶雄先生，舉辦「福爾摩莎的心窗——王昶雄文學會議」。

牛津獎的得主獲獎後，社會矚目，全球關注；於是國家也更加重視，而有獎事連連的好消息。巫老自己創設有基金會，每年頒發文學、文學評論和文化評論獎三項，非常知名，國人不喜歡「錦上添花」，因此，他再得獎的機會較少；但也在二〇〇〇年獲得南投縣文學獎；而八月四日，陳總統更親自在鹽分地帶文學營中，頒致一座「資深臺灣文學家貢獻獎」給他。

其次是鍾肇政先生，除二〇〇〇年獲文學臺灣基金會頒發「臺灣文學特別貢獻獎」之外，六月，更爲新政府延聘爲總統府資政，主持國家藝術院的籌設工作。

最幸運的要算葉石濤先生，在得獎的次年，榮獲文學臺灣基金會的「臺灣文學小說特別貢獻獎」，和鍾老一樣之外，基金會且爲他舉辦國際文學研討會。此外，二〇〇〇年又獲成大臺灣文學研究所特頒「名譽文學博士學位」，近八旬的老翁每週仍往來台南——左營間，擔任「客座教授」的培育後進工作。二〇〇〇年稍早，葉老獲高雄市文學貢獻獎；稍晚，榮膺新政府聘爲文化復興總會的副會長，八月初也獲陳總統所頒發的「資深文學家貢獻獎」。同年十一月更是喜上加喜的，膺獲行政院文化獎的國內文藝界最高榮譽。統計三年來共有七項的好禮，豈不令人羨煞了呢？

二〇〇〇年，本系頒發了牛津獎給元旦甫去世的王昶雄先生；這是昶老終身所獲得的唯一獎座，肯定他在臺灣文學上的成就與貢獻。雖然今後昶老不可能再獲其他殊榮，但我們大家仍以他爲榮。上述巫老、葉老的獲獎，本校系雖然也有上書建議當局，敲敲邊鼓；不過，最重要的，仍是他們過去數十年對文學志業的努力和堅持所致。

二〇〇一年，本系已決定將牛津獎頒給傑出的臺灣新詩人、詩論家、翻譯家林亨泰先生（二〇〇〇年八月已獲總統頒資深貢獻獎）。看看上面多位得主的頻頻獲獎，相信亨老二〇〇一年起也一樣受到大家的肯定，獲獎連連吧，在此預先祝福他老人家。

一座無法頒出去的獎——懺對龍瑛宗先生

一九九九年寒假，筆者就爲了次年本校「臺灣文學家牛津獎」將頒給誰，開始作提供系同人相關資訊來研定的工作。當時整理出龍瑛宗先生的生平重要行履、著作及可探討的面向三部份。其中，著作方面有：㈠單篇名著，有〈植有木瓜樹的小鎮〉等六篇，㈡文集，有《孤獨的蠹魚》等九種。而其作品可探討的面向，有：編輯報章雜誌與交游、歷史見證；短篇小說的寫作技巧與文學成就；對女性的看法；由日文到華文——超越語言的相關問題；皇民文學問題的研討；文學評論及觀點。同時並已蒐集了不少他的著述。

人選在開學後之後不久的系務會議提出，也獲得同仁的默許。唯最後的確定，得在一九九九年鍾肇政文學會議舉辦之前一、二個月。

豈料九二一大地震之後，大家尚在驚惶中努力鼓起勇氣賑災之時，二十六日，龍瑛宗先生卻與世長辭了！就學臺灣文學的人來看，他的死無異於九二一對大家的震撼。

西元二千年這座「臺灣文學家牛津獎」，竟然宣告頒不出去——無法頒給大家屬意的龍瑛宗先生！

龍瑛宗先生本名劉榮宗，以筆名行；許多初學後進，還以爲他姓龍呢！劉先生在日政末期及戰後初期，已有文名，作品也很出色，但他一生不慕名利，加上二二八事件之後，隱入銀行界，停筆二十多年；退休後再執筆，再創寫作高峰，但他仍「我行我素」，所以，除了行家之外，台文後進對他的文學成就與貢獻，比較不了解，連眞名、筆名也混了。其實「臺灣文學家牛津獎」最希望頒給這樣默默耕耘的文學長者；可惜當初設獎有一不成文的規定，那就是受獎者得健在，以致留此遺憾！

「德不孤，必有鄰」，好人不寂寞，劉先生全集之中的資料輯，凡有十五巨册，已由國立文化資產保存研究中心出版；《女性素描》評論集，有林至潔教授譯出，一九九九年在民衆日報副刊連載；《夜流》等小說更在公祭當天，由地球出版社以「日、漢對照」方式印行。又：早在一九九六年，就有朱家慧碩士、丁鳳珍碩士，以他的作品爲研究對象，撰寫論文；另一九九八年，也有清大許維育探討《戰後龍瑛宗及其文學研究》；因此，劉先生生前已有許多知音。在眞理大學臺灣文學系的許多門課程中，也一定會教學、研討他的爲人和文學作品；相信今後也會有更多更多的知音。這正是無形卻崇高的文學獎項吧！

筆者覺得治喪委員會所述的「生平事略」已有相當精到的肯定，尤其是末段的綜述，現引爲本文的結尾：

「龍瑛宗出生墾拓移民的寒村，成長在日本殖民壓迫的時期，生命底層籠罩著揮之不去的死亡陰影；再加上蒲柳體質、木訥性格，使其審愼內斂，一生總是沈默靜觀世相變化。（中略）他的文學獨樹一幟，表現了臺灣知識分子在殖民統治嚴苛現實底下，陰鬱灰暗的生活圖像和心靈掙扎，以及對於臺灣女性悲劇性命運的悲憫關照，以現代主義個人式的內省，和新感覺派纖細唯美的色彩，蘊（孕）育出特有的美麗與哀愁的文學質素，成爲臺灣文學不朽的篇章。」

如果天假劉先生英年，得以頒致牛津獎，則這段話是最好的「獎詞」了。

向文學家低首敬禮

二〇〇一年，本系——眞理大學臺灣文學系將頒致「臺灣文學家牛津獎」給林亨泰先生。亨老不僅是跨越語言（日語、華語）的一代，他的詩更是由銀鈴會經現代派到笠詩社本土風格，作三次大轉變，每一階段均很傑出，臺灣文學界已有定評。他不僅長於詩創作，英、日詩的翻譯和詩理論，也極在行，全集中詩三卷，詩論則有六卷，可說是臺灣的「詩哲」；他的詩中、文中，具有很難得的文學思想。

不意，本系同人彭瑞金先生不察，竟加質疑。筆者即臚列國家圖書館中著錄亨老的著作給他，有《靈魂の產聲》（華譯爲《靈魂的初啼》）新詩集等十部、《林亨泰全集》十巨册，以及臺、外學者評論其詩、文、詩論凡五、六十篇、速寫其人其事二十五篇；可知亨老的文學，台外學界早加肯定。筆者並附上一紙給他，其中說道：「像林先生這樣的詩哲，受到這麼多國內、外人士的重視，吾人允宜低首敬禮，甘心爲他辦一場學術會議，不是嗎？」

這事也令筆者想起二〇〇〇年，本系舉辦「福爾摩莎的心窗——王昶雄文學會議」

的大會手册後，在會議工作人員名單中，將補助經費（公費）的教育部長、文建會主委列爲「副會長」。有另一同事柯先生以爲欠妥，說：「校長是大會會長，部長怎麼反而是副會長呢？」筆者以爲在文學家面前，尤其是已過世的文學家面前，本校爲他舉辦文學會議，校長自然是「會長」，而教育部長等有機會「屈居」副會長，我想他們也會很高興沾這個光。事實上，會前筆者即將會議手册寄給他們指教，陳主委非但不以爲侮，而且翩然駕臨，成爲大會的「神秘嘉賓」，會後還特別宴請與會貴賓呢！

可見新政府的官員還頗有內涵；而文學自古是珍貴的冠冕，人人看重，吾人禮敬文學大家，向他低首，又有何羞恥？

臺灣文學這些人那些書

臺灣的傷口如何療治

二〇〇〇年，在彰化師範大學任教的陳啓佑教授，寄來他的童詩集《地球洗澡》和一本散文集《臺灣的傷口》。他的童詩有不少值得紹介的地方，筆者已寫成專文〈兒童文學的詩質與成人文學相通〉。散文集的名稱中有「臺灣」，尤其說是「臺灣的傷口」，更是讓關心臺灣、身爲臺灣文學系一份子的筆者，不得不眼睛爲之一亮，有話要說。

原來這本散文集，分爲二輯：第二輯教授日記；第一輯才是臺灣的傷口；有〈櫻花〉等三十二篇作品，〈臺灣的傷口〉也是其中一篇。因爲所謂「臺灣的傷口」既是文章篇名，也是輯名，更用作書名，可見作者對它的重視。我們且由此文談起吧！

本文寫陳教授自己在八〇年代末期，爲了收集早期民藝古物而馳騁機車在臺中縣、市各地，看到「鄉鎮間的古厝、古廟倒的倒，拆的拆，所剩無幾。連一些古蹟也被整修成穿西裝打領帶的老人。」這就是後工業時代的現象，鄉村無可逃避的都市化。而都市鄉村化的腳步，卻遠遠落後，無法拉近城鄉差距，令人氣憤。

尤有甚者，作者提到最令他傷痛的是：「憨直、篤實、樸素的美德被沖走了，沖得一乾二淨，而投機、欺詐、貪婪、偷懶之風，猶如淤泥垃圾，處處可見，擋住了我們美的出路。」這就是臺灣的傷口！

他在十幾年前這樣的注意臺灣社會的變遷，十年後臺灣依然故我，甚至變得更加惡質；尤其在人心方面。因此，書中所提到的若干人物的典範，依然有提出標榜的需要，例如：寫前農委會主委余玉賢先生、施明正先生、黎安德修女（醫療貢獻）、洪醒夫先生的精神與行徑，均值得我們去效法學習。

陳教授就是以愛之深責之切的立場，而創作了二三十篇散文。對臺灣以及臺灣人民，他又愛又恨，〈小品四則〉第一則劈頭就說：

「我愛這塊土地，喜愛這塊土地的人。我厭惡這塊土地，厭惡這塊土地的人。」

的確，大部份的臺灣人也有同感。

以上這些篇章緊扣臺灣及公衆的問題加以關懷，是名副其實的臺灣本土散文。

孝心救了浪子

——《流氓教授》是臺灣本土傳記小說

二〇〇〇年三月下旬，東吳外文系林建隆教授出版了《流氓教授》一書，是繼去年《鐵窗的眼睛》新詩集之後的另一部監獄文學作品。作者現身說法，寫的是自己的過去，而採用的是小說技巧，頗能撼動讀者。

書名定爲「流氓教授」，很吸引讀者的眼睛。它不是指一般人所了解的流氓教授，在校園、教室爲非，而是這位教授從前是流氓，經過了千辛萬苦，才成爲教授。筆者對無冤無仇就殺人越貨的流氓深惡痛絕，因爲在一九九六年七月十二日，被國北師的重慶籍周全副教授所唆使的，其母舅大龍峒黑幫老大的三個嘍囉，殺傷頭手等四處，血流不止；只因仗義揭發周某貪名求利洩露初轉班考題給補習班（同年五月十九日聯合報有詳細報導），要求學校查處，校長歐用生卻一味姑息；因此本不願對這本書作介紹，雖然建隆兄要我「雅正」。

用夾雜著不屑和好奇的矛盾心理，讀這本詩人轉換跑道寫的小說，不到一半，就被它所吸引，所感動；尤其是其中的親子之情。於是擺開個人的因素，含淚讀下去。

林教授出生於基隆的礦工之家，手足衆多，三明治般的擠在九坪大的礦寮中。早熟的他，天眞的想以離家來減輕父母的負擔；但無一技之長的少年離家，在七〇年代時似乎只有走入黑道，包賭耍狠來餬口了。最後以殺人未遂被判刑五年，而未經審判先被逮捕管訓。

在警總監獄黑天暗地，非人的管訓生涯中，他筆下寫出世界罕見而傑出的監獄文學作品。這且不表。讀者的興趣在於：流氓後來何以上大學？關鍵在於親情的牽繫。

試看作者寫母親原本在哥哥尚未斷奶時出生，外婆奶水不夠，而被送來林家做童養媳，一輩子的歹命；但幸運的是她曾在日據時當派出所工友，認識幾個字，更是明白道理，有智慧，深深影響著孩子。例如；她到管訓隊面會時，告訴兒子說：「爬得進，就爬得出，這點你在還不會走路時就已經辦得到。」

一般母親對做流氓、不成材的孩子，常是失望，甚至絕望、斷絕母子關係。但是林母不同！她默默的爲他設想，永遠支持著他。例如：林要考大學必先通過高中同等學力鑑定，寫信請母親借弟弟的國中課本給他，料想不到，母親說：「你國中時唸過的課本，我都還完整的保留著。」林激動的掉淚。就是這種母愛，讓他良心隱現，堅持改邪、不逃獄、立志考上大學，終於擴大了一念之孝。

而林父呢？年輕時在礦坑炸斷了左手掌，用右手抱著橫流的肚腸奪門而出。但二三十年下來，卻得了礦工職業病「沙肺」，胸肌過度萎縮，凹成倒V字形；染上了，十之八九都會在六十歲前死去，而當時已五十六歲了！在龜山監獄時，父親去看他，當林父離去時，「他那沙紙般的臉龐，漾著笑意。」因爲林答應照顧被軍法判十一年刑的二弟。

這部本土傳記小說，反映了七〇年代臺灣尚未解嚴的警政、司法「黑幕」，情節是林的浪蕩經過。它不論反映警總像「東廠」，或管訓隊像「錦衣衛」，都是用寫實的手法。峰迴路轉，冬去春來，林終於走出監獄，踏上杏壇，誠如人本基金會史英先生在〈序〉中所說：「衝破那樣的境遇，需要一種獨特的心智。」筆者以爲這「心」，最主要的成份是「孝」——天生的孝心。

現代母親詩人作品的樣貌

——張芳慈《紅色漩渦》獲獎

二〇〇〇年母親節，筆者第一次參加別開生面的紀念臺灣本土前輩女詩人陳秀喜詩獎的頒獎典禮。今年這個活動有幾點特色：一是時間打破「禁忌」，選在一般人都屬「家庭時間」的母親節。其實是更有創意，紀念陳女士別具意義；因爲陳女士的詩中充滿母性的光輝，她的家人透過它，爲「缺席」的母親延續著提攜後進的希望工程。二是今年得獎人張芳慈老師的作品《紅色漩渦》，也表現了許多母性的關懷，例如：「媽媽啊……／明天　您是堅定地祈禱／前途　我是如此膽怯地探望／一樣的淚水　充沛著悲憫／您不改萬般的慈愛／我增添千種的滄桑」（〈在妳的眼睛裡〉）。

不僅如此，張老師的詩更書寫臺灣人的母親——土地。她運用不少臺灣本土的意象，例如：〈沃土〉一詩的靈感來自二二八紀念館林蔭兩旁的遺照，「如果臺灣是沃土，是因爲這些爲民主獻身的生命：當作綠肥般供養土地。」（〈沃土上的蓮霧樹〉文）且看原詩：「紫雲英和油麻菜籽／……種植過紫色和黃色的土地／蘊藏著隱隱的哀痛／……

因爲有肥沃的哀痛吧／才能生產有力量的澱粉植物」。

又對土地被錯待的關切，說：「當島民遺忘了海的存在／那麼虛華的陸地造景／只不過是玩具城的積木吧」（〈失去海的〉）。更明顯的土地關懷詩句，是下列：「人作孽　水土流失／乾裂的土　枯黃的苗／覺悟的臉開始正視／我們共同的這個島嶼」（〈覺悟的臉〉）。

評審委員會召集人、詩人李敏勇，在頒獎會上介紹時，就說張詩有「抵抗的聲音」，面對世間的大不平。而台大外文系江文瑜教授在詩集後，也有一篇導讀文字，指出她走出家庭，關懷社會、國家、民族，曾說：「詩人（指張老師）必須時時仍然感受到人類對土地、生態的伐（戕）害並留下傷痕、人類對權力階級外廣大民衆的無視、臺灣被各式各樣殖民的悲哀、與女性壓抑處境的反思。」（〈週期性的恐慌——讀張芳慈《紅色漩渦》〉）。

張老師說她每一作品寫出，就快樂了一整天，因爲她碰觸到生命的喜悅。這就是張芳慈的詩，它是來自土地的聲音，可以接上臺灣寫實文學的大傳統，而又別開生面，刻畫細膩。這一鮮明的特質，在臺灣文學史上有其貢獻與成就，獲陳秀喜詩獎，名至而實歸。

政治報導文學的大作手

——曾心儀發表臺灣民主運動的文學紀事

政治重客觀，文學較主觀；文學重整體呈現，政治要分析剖判；兩者的性質不同，甚至對立衝突，所以，以中國爲例，歷代兼長二者的人少之又少，多半「文窮而後工」，屈原、曹植、杜甫、蘇東坡等，固不必論；只有王安石是個例外。而臺灣文學更是如此，幾乎找不到大政治家又是大文學家的例子。將來曾心儀會是個例外。

輩份和現任勞委會主委陳菊相同的曾心儀小姐，早期是位女作家，出版過多部小說、散文集，而且是難得的臺灣本土作家；因此，前衛出版社出版的戰後第三代臺灣本土作家全集，就有她的集子。這在女性作家中，眞如鳳毛麟角，十分珍貴。

但自一九七五年，她投入臺灣民主運動後，先後在陳文成案、蓬萊島案聲援陳水扁等人，兩度遭報社解職。後來，進入鄭南榕創辦的《時代週刊》擔任記者，在政治採訪、改造社會中，不忘文學創作，更不忘將文學帶入政治，使政治不那麼現實以及醜陋。

當年幾乎所有的夥伴，都在政治職位上有所安頓時，她選擇旁觀政治，不謀一官半職，繼續她的文學志業，還有美術創作；因此，出版「游過生命黑河」、繪畫「玉山」、「淡水的船」等等可以傳世的作品。文壇也沒有虧待她，頒給她吳濁流文學獎、聯合報小說獎等等。此外，更獻身成人教育，在永和、新莊、基隆等社區大學，任教「小說創作」和「臺灣文學與世界文學」等課程，重視田野訪察、實地寫作；因此，一本本所指導的班級特刊出版，作育英才，功在國家。

而最令人首肯與敬佩的，是她結合政治與文學，以文學筆法報導政治實況，二〇〇〇年五月初版的《心內那朵花——臺灣民主運動的文學紀事》，就是這方面的代表作。書前有不少珍貴的民主運動照片影像，當今陳水扁總統、呂秀蓮副總統、黃信介、林義雄等，固不在話下，而「陳文成的母親在愛子墓前哀思」、「鄭南榕被控違反選罷法出庭應訊」等的身影，更令人動容；這是文學力量展現在政治上。

這本政治（也含社會）報導文學的力作，分黑鄉、美麗島紀事等五部，分別報導多氯聯苯中毒案、美麗島案、陳文成博士遇難、追思民主運動先輩等。記美麗島、陳文成等案件，固然動人，是預料中的事；即使是採訪多氯聯苯中毒案，也處處流露動人的筆觸，引不勝引。在此僅引述一段「代序」——〈走過長夜〉的文字吧；它是二〇〇〇年四月，曾小姐重訪綠島監獄，看到新建「人權紀念碑」文之後寫的：「在長夜中哭泣的母親，也包括她們的孩子曾經被關在臺灣島內遍佈的秘密監獄吧！還有被秘密處決……」。她關懷過去所有政治冤獄的靈魂；所以，在本書的扉頁，才會題著這麼三行句子：

「謹以此書／獻給……爲臺灣奉獻、犧牲、受苦的民主運動前輩」

誠如民進黨副秘書長李旺台作序所說：「這本書記載了她的參與眞誠的感受，你可以新聞報導去看，或當小說讀，也可以當史料來研究。」總之，曾小姐已開創了「政治文學」的新寫作領域。

《臺灣e文藝》雜誌我喜歡

臺灣人喜歡象徵意義，新世紀來臨了，重視本土人士首先結合起來，在去年十二月成立「臺灣新本土社」，宣示「臺灣新本土主義」，「新」的哦！以過去王世勛、宋澤萊先生所結合的《臺灣新文學》雜誌班底爲基礎，停舊刊創新刊《臺灣e文藝》，不只雜誌名新，新雜誌臺灣河洛語名字中，更有一個代表新世代的「e」（華語「的」、「之」）字，這又是雙重的「新」創意！

在編排、設計、裝幀等方面，誠如李魁賢先生所說：「呈現年輕活潑、新時代的作風」；例如：報導長達三萬字的「新本土社宣言」，採大黑邊框處理，大方高雅，有氣魄；而其前「顧問的話」和「總編的話」凡三十頁，則採整頁黑底白字，令人有莊重深刻的美感。這二種用色方法，在後面作品的編排上也適時運用，造就統一中有變化、前呼後應的效果。光以版面編排、設計而言，即迭有新意，令人喜愛。

在美編上，更有一「錦上添花」的是採用藝文雙棲的臺灣本土大畫家，也是臺灣師範大學美術系施並錫教授，「友情贊助」的油畫「大銀幕」爲封面，一九九七年所作。

（如圖）畫面用色豐富、眞實、調和，施教授說：「我將一九九七年發生的一些重大事件，搬上畫裡大銀幕，……如：口蹄疫事件、五常街圍捕白案三嫌之現場場面、中油大火、黛安娜王妃等等。這些不是主題，只是形式。……而銀幕之外，則是『表現』式的扭動筆觸，是『並置』作法。」啊！一拿起雜誌就有這麼賞心悅目的畫面「養眼」，眞是太美了！以後每期都有這樣美的邂逅吧！

而在一份雜誌最重要的內容生命上，「新本土主義宣言」雖然只有十五條條文；但是，之前的「序文」即有十二篇，後邊的「附帶宣言」，則更有六十三條之多，詳詳細細，原原本本的將「臺灣新本土社」的想法主張和具體作法宣示出來。這也是臺灣史上絕無僅有，開風氣之先的作法；可見社員們對臺灣的愛和他們的努力、堅持。即以關心臺灣文學系所畢業生的出路方面，它就在「基本宣言」第八條，和「序文」第七篇、「附帶宣言」第四十七、四十八二則，提出建議，讓敝系師生受寵若驚。筆者即撰文〈臺灣文學系畢業生的出路〉，來感謝與補充回應。

在作品發表上，老幹新枝作品均有，而以發掘新本土作家爲主。像：王貞文、晦凡、楊念德、吳尙任等數位的作品，筆者是首次拜讀，他們是「明日之星」！而林宗源、李勤岸、宋澤萊、李魁賢、胡民祥等等老將，吾人早已耳熟能詳。也不乏中壯派（臺灣母語文學的分期分派與華語不同）的許正勳、周定邦、張春凰、楊照陽等作品也有。在文體上更遍及新詩、散文、小說、評論等文類。以後也將會有戲劇、報導文學等等吧。

這是一本以臺灣爲主體所創作編輯的文學雜誌，其中多半以母語文字撰成。但初期中也有華文作品，如：吳苑菱的女性抗議小說〈馬路大帝〉即是；不過，它們的內容都是本土的，而且是「新本土」的，重點在一「新」字。

新世紀，新思維、新作風，對於《臺灣e文藝》這樣的一本雜誌，裏裏外外，我都喜歡。

懺向濁水溪

——序施並錫「細水長流」畫集

一年來，筆者獨立編纂的台華兩用字典，已進展到「水」旁字。在炎炎長夏，心中特感清涼。就像「牛」旁字不少一樣，「水」旁字特別多，它關係著台人的生命與生活！平素對江湖河溪有好感的我，如今更像天天泡在水中，樂不可支呢！

水是大地之母，孕育並長養一切生物。她以各個不同的樣態，呈現原本千變萬化的內在；每一呈現，都給人不凡的美感與觸發，古來描述、謳歌或評究的文字，正不知凡幾！臺灣第一大河，是濁水溪，近年我們才眞正「發現」了她。「登高壯觀天地間」，她從海拔三千二百公尺的奇萊、合歡山之間發源，流經南投、彰化和雲林三縣多少鄉鎮村鄰！但我們對不起它，要向它懺悔求贖……

請看西螺段的濁水溪，水清無比，米質冠於全台，卻被稱爲「濁水米」，乍聽之下似有不淨之嫌。這是中、日兩國政府都要檢討、懺悔的地方！全世界沒有一條大河的水源是髒的，濁水溪也不例外；她發源後，清清之水從中央山脈南流，在廬山、霧社和萬大等風景區，何嘗渾濁了?直到會合沙石的故鄉之一的丹大溪後，開始「我泥中有你，你泥中更有我」，板岩被沖蝕了，滾滾濁水西流去。據台的日本人懶於取個好名，竟叫她爲「濁水溪」！來台已五十多年的國民政府，也患了同樣的無知！誰說叫「達觀山」勝過「拉拉山」?叫「陽明山」好過「草山」呢！從來就沒有給她個好名字，這是我們第一個要懺悔的。

懺悔之餘的行動，就是改名!例如:叫做「臺灣大河」、「臺灣長溪」等;正如「市民大道」、「凱達格蘭大道」的命取，又有何不可?

其實我們更要向她懺悔的是，一個人南投人和、地利到台流坪等地，沿途百分之九十以上的沃土，不種稻麥，卻種著讓人「噴血」的檳榔樹！一寸也不放過，陡峭的山坡更不例外。「臺灣長溪」變成「檳榔溪」了!它危及山坡地，坡地上的民衆。土石流教訓不了短視、勢利的臺灣人。我們該向她懺悔！

綿延數百十公里的泥沙，一向被視爲「黑金」、建築的上材。臺灣人使用機械怪獸，一卡車一卡車的挖走，日以繼夜。濁水滔滔，河床滿目瘡痍，橋墩裸露;卻餵以垃圾回塡，荒涼不雅事小，危及道路、橋樑的安全則事大！今年高屛溪大橋斷了吧！這是我們第三大懺悔。對一條河流如此，對臺灣其他大大小小的溪河?光懺悔能濟於事嗎?……

茲値尙未謀面的友人、師大美術系所施並錫教授，將出版年度另一畫册，描繪河流水文之美。筆者感於臺灣「濁水溪亂象」至今尙未獲得解決，實在無心去欣賞水之美，也寫不出想陪襯其「圖」之美的「文」來，眞是萬分抱歉！本文如能稍稍喚起國人對臺灣生存環境的重視，相信當今本土大畫手的施教授，也會原諒筆者弄巧反拙的這篇「拙」文吧！罪過，罪過。

林獻堂先生與霧峰林家邸園

一、林獻堂先生傳略

林獻堂，別號灌園，臺灣臺中縣霧峰鄉人，生於一八八一年（即清德宗光緒七年辛巳）。（註一）

獻堂高祖遜，勤苦營繕，因病早逝。曾祖甲寅，始由臺中縣大里杙移居阿罩霧莊（今霧峰），篳路藍縷，以啓山林，家道漸裕，而素尚簡樸，樂善不倦，鄉里稱譽，今有「甲寅村」即爲紀念他而命名的；享年五十七，清廷追贈振威將軍資政大夫。祖天河，字景山，曾平鄰鄉四塊厝義民，後又佐堂兄福建水陸提督有理（文察）平定，而授知府，賞戴花翎；繼又輔助閩浙總督左宗棠對抗太平天國軍，寡不敵衆，退至福州，越十七年卒，追贈中憲大夫。父萬安，字允卿，號幼山。清光緒十年法國封鎖臺灣，允卿集佃兵五百，駐臺南，後調通霄，捐款輸糧，不遺餘力。十九年中恩科學人，而祖母在堂，雅慕老萊子斑衣之志，築萊園以娛親。二十一年臺灣宣佈獨立，招募鄉勇千名，自備糧餉，屯駐彰化。清廷割讓臺灣，保衛地方，均賴其力。平生好施行義，蔚爲宗風，曾主持霧峰青桐岩，創建臺中靈山寺，宏揚大乘佛教精神。授文林郎，中憲大夫。光緒二十五年卒，有子二人：長即獻堂，次爲階堂。（註二）

獻堂天資聰慧，幼有「神童」之名。及長，先後任霧峰區區長、臺中廳參事、臺灣府評議會員。創辦立新民報，投身新聞工作，啓迪民智，振聾發聵，卓有成效。其後領導臺胞對抗日本殖民獨裁統治達數十年，一生與臺灣民族運動相始終（詳下）。其間，於一九一四年，鑒於日本對臺人教育的不平等，幾經周折，才得捐獻校舍而由總督府設置了臺中高等普通學校（省立臺中一中前身），作爲臺人子弟進修中等教育之所。此外，他又捐地爲館，作爲今日孔孟學會的會址，稱「獻堂館」，座落在臺北市的南海路；提攜後進，資助多人留學。像這類可歌可泣的事蹟，正不知凡幾！

獻堂先生秉性寬厚，平易近人，上接顯宦，下及村嫗，莫不以誠信相待，竭盡款曲，人人崇重，登高一呼，壤野俱從。而致力於臺灣民族自決運動，持節守義，竭思盡慮，至老彌堅，尤爲全臺重望。（註三）不幸於一九五七年（丁酉）九月八日辭世，享壽七十有七。

二、林獻堂先生與臺灣近代民族運動

清光緒二十年（西元一八九四年），清廷與日本之間因朝鮮問題發生爭論，李鴻章與日相伊藤博文在日本下關簽訂喪權辱國的條約，其中第二條規定：「臺灣全島及所有附屬各島嶼，永遠讓與日本。」這無異是臺澎同胞的賣身契！臺胞見割讓已成定局，屢經協商，決定自主，改臺灣省為臺灣民主國，建元永清，定藍地繪黃虎為國旗。二十一年五月二十六日，以巡撫唐景崧為總統，丘逢甲任團練使，統率起義民兵。但日軍攻勢凌厲，六月六日，自總統以下均撤至中國，民主國群龍無首，形同瓦解。幸賴軍務總辦劉永福久守臺灣南部，阻止日軍南犯，北、中、南各地義民激烈武裝抗日，如新竹北埔事件、南投林杞埔事件、羅福星革命抗日、臺南余清芳事件、霧社事件等等，均可泣可歌。這些都屬於有形的抗戰（註四）；至於間接的思想抗日，則以林獻堂先生為首，喚醒臺胞民族魂，曠日持久，同感人心。茲分述於後：

㈠籌設「臺灣同化會」（一九一四年——一九一五年），提高臺胞地位

當臺胞多年匐伏呻吟於日本當局的高壓統治之後，一九一四年，日本明治維新元勳之一的板垣退造鑒於白種人的鄙視黃種人，至感不滿，想以同化政策收攬臺灣民心，然後再結合全中國人而與白人分庭抗禮，所以對於中日國交譬為脣齒關係，而主張臺人應負橋樑作用。林獻堂先生是促進創會最熱心的人，獻公的目的何在？蔡培火先生說得好，他說：「林獻堂等則欲藉板垣的聲望地位，求助臺胞政治社會地位的提高。『同化』二字雖有牴觸民族精神之嫌，但在現實的政治社會形勢下，臺胞可以藉機吐氣。」（註五）原來臺胞迫於強權統治，久受差別待遇之苦，一聞同化主義可能廢除種種差別，所以多

喜出望外，一呼百應。同化會以板垣之名，於一九一四年十二月十三日奉准設立。日人頗不贊成；他們鄙視種族的觀念，也戟刺了臺人的感情，終在一則內外夾攻，再則因日本浪人成員的行爲不檢、會費發生糾紛等因素下，次年一月廿六日爲日本總督下令解散。

㈡組織「啓發會」、「新民會」（一九一九年——一九二〇年）領導留日青年思想抗戰

同化會雖不幸被解散了，但失之東隅，收之桑榆，此事對臺胞民族意識的發揚，幸得減少一番動搖。而海外留學生早沾風氣，努力爲祖國故鄉爭取自由解放，點燃起民族運動的火把。一九一九年底，東京留學生以林獻堂先生、蔡惠如先生爲中心，組成「啓發會」，從事民族思想的啓蒙運動。可惜後來因爲經費不足而流會。

繼之而起的，是一九二〇年一月十日在東京成立的「新民會」，仍以蔡惠如倡始；而獻公爲會長，蔡先生爲副會長，連雅堂先生等爲名譽會員，吳三連、蔡培火、林攀龍（獻公長子）先生等爲普通會員，總共一百餘人。以後他們積極指導留日臺胞組織青年會，並在同年七月十六日創刊「臺灣青年」雜誌社，鼓勵新文學創作，傳播新思想與新理想，展開臺灣新文化運動；藉此而從根本喚醒起民族意識，對日本軍閥作長期而全面的文化思想抗戰。（註六）

㈢總理「臺灣文化協會」（一九二一年——一九三一年），任勞任怨，多方喚醒民族意識

受留日青年自覺運動刺激，民國十年七月，在臺北開業的醫師蔣渭水，邀同業吳海水等拜訪林獻堂先生，籌組「臺灣文化協會」，得到獻公的了解，並允諾參加。經過三個月的準備、宣傳之後，終在十月十七日正式創立總會，會員三百餘人，推戴獻公為總理，楊吉臣為協理，蔣渭水為專務理事。會中議定會則凡七章十七條，其第一章總則的第二條，是「本會以助長臺灣文化之發達為目的」。其實這是表面上的目的，它的眞正目的在喚醒民族意識，造成民族自覺氣運，終期脫離日本統治。

文協經常在各地作公開的文化講演，主講人多取材於政治演進上的史實，說明立憲與專制的得失，並且時常援引在臺日警的橫暴為例子，痛詆其非法。聽衆莫不鼓舞喝采，因此時常受到日警的干涉，演講會被解散，聽衆即大喊「橫暴」（臺語凶暴、殘暴之意），視為不共載天之仇，於不知不覺中，喚起了他們的民族意識。除文化演講外，文協又發行會報，普遍設立讀報所。又更進一步為貫徹啓蒙宗旨，自十二年九月十一日起開設各種講習會。而且自次年八月起，利用暑假，以萊園（即林家花園，詳後）為會場，為期一週，會員六十四名。以後年年舉辦，人數、會期等均有增加。講師均為一時之選，如：林幼春主講「中國文學概論」。林氏名資修，為獻公侄子，時為臺灣詩壇泰斗，也富有民族氣節，後來在就義時，寫了「丈夫腸似鐵，得死是男兒」的詩句。

受了文化演講的影響，各地民衆普遍覺醒，奮起組織了很多團體，如：臺北青年會、通霄青年會等是。不幸各校學生常與日警衝突，受起訴處分，並強迫脫離文協。民國十二年六月，日人慫恿辜顯榮在臺中公會堂演講，頌揚日本善政，聽衆大喝倒采，十一月八日辜某乃組織「臺灣公益會」，來對抗文協。文協同志在憤慨之餘，於次年七月假臺中市林氏祠堂召開「全島無力者大會」，獻公親自主持，林幼春也帶病出席，反駁公益會，台下熱烈響應，公益會終於消滅於無聲無息之中。

文協基本成員以全臺農工商的青年子弟為主，其做法溫和；但有少數無產青年要求急進，連溫卿等受共產主義蠱惑，而侵奪了獻公的主導權，於民國二十年在彰化召開第四次全島代表會，通過除名獻公等人，文協變質，壽終正寢！

㈣十數次具名領導請設「臺灣議會」（一九二一——一九三四年），不遺餘力

日本殖民統治臺灣，賦予總督生殺大權，其根據為法律第六十三條（簡稱六三法），臺人備受其害達二十多年。至一九二〇年，留日學生如蔡培火、陳逢源等二百餘人，均主張撤廢六三法，林獻公也贊同，曾說：「如得撤廢六三法，縱使需要任何犧牲，於本人亦在所不辭。」輿論也日趨於請願設置臺灣議會運動。

一九二〇年底，林獻堂、蔡惠仁、林呈祿三人，已在東京籌商向日本帝國議會請設臺灣議會，自一九二一年一月三十日正式提出，至一九三四年止，凡十五次，其中有十二次均為獻公具名為首。但均不被採擇。一九二一年四月，獻公家中曾接到日人脅迫狀，指林為逆賊，並說：如不改悛，必加以殺害等等。當獻公第二次請願返臺後，臺灣總督

也間接計畫打擊請願運動，其辦法中的第六條，指稱：「對林獻堂等之行蹤要注意，各地郡守、課長勿過於客氣。」（註七）

(五)籌組「臺灣地方自治聯盟」（一九三〇——一九三五年），成立政治結社

一九二三年元月，日本治安警察法施行，臺灣文化協會因係純文化運動團體，有關政治活動只能以個人名義進行，每被取締，有事又不能不與日本政府交涉；因此，大家深感政治結社的必要。文協新舊派分裂後，舊幹部於一九二七年五月廿九日成立「臺灣民黨」，可惜次日即被查禁。六月十七日乃重新組織，改名爲「臺灣民衆黨」。當時獻公不在國內，故未參加，但仍被聘爲顧問。

一九三〇年，有部分少壯派黨員爲霧社抗日事件（一九三〇年十月廿七日發生）致電日本政府，欲罷免總督、警務局長等。獻公見完全地方自治的時機已到來，乃和蔡培火等另組「臺灣地方自治聯盟」。同年八月十七日召開結黨儀式，加盟者有二百二十七人，公推林獻堂爲議長，進行議事，審定規約，決議宣言。大會最後選出獻公等爲顧問，楊肇嘉、蔡式穀等爲常務理事，陳逢源等爲評議員。聯盟有下列重要的綱領政策：一、以全民爲背景，確立民本政治精神。二、改革現行地方自治制度，獲得政治的自由。三、訓練民衆政治能力，實現民衆組織化。

一九三一年，聯盟常務理事楊肇嘉赴日提出改革建議書，三月二十七日得衆議院受

理，楊氏多方奔走，但後來終因日本議會解散等原因，未獲得貴、衆兩院的審理通過。一九三五年四月一日，日本總督府公佈臺灣地方制度改革有關諸法令，內容如：官選、民選各半；限制繳納戶稅日幣五元以上者，始有選舉與被選舉資格。如此不合理規定如何談及地方自治？於是聯盟的存廢乃發生問題，有人主張解散，有人主張繼續爲眞正的地方制度而努力。一九三五年十一月廿二日，舉行改正地方自治制度第一次選舉，聯盟所推薦的候選人共有八人當選，於同月二十八日在臺中召開選舉報告演講會，聽衆近千人，頗呈盛況，但自此以後，聯盟就不再有任何活動了。（註八）

三、霧峰林家邸宅、花園

霧峰原名「阿罩霧」，這是由於它是盆地地形，霧氣經常籠罩山頭而得名。霧峰——是臺中縣最著名的風景區，座落在今民生路二十四號的林家邸宅和不遠處的花園。它與臺北縣板橋市的林家花園（林本源宅園），南北峙立，爲臺灣舊式邸宅的兩大典型，馳名國際，是歷史文化與觀光旅遊的雙重勝地。

清文宗咸豐元年，林獻堂先生伯父有理（字密卿）因功受封爲太子太保，福建水陸提督，宅第佔地三公頃，由其父萬安（文欽）建爲頂厝、下厝。下厝後之山丘於光緒十九年闢爲花園，稱萊園。頂厝有景薰樓，樓旁門爲蓉鏡齋。建築精美，雕花窗櫺、古雅木几、題字匾額，均爲藝術珍品。獻堂公即住在樓中，曾於門前壁上親題一首七律：

「百年門第祖恩深，五鳳添修歷歲岑。禪榻鬢絲中歲後，石檣流水短墻陰。抱孫自愛愚公谷，望古卿爲梁父吟。聞說仲宣能作賦，晚來被酒試登臨。」

下厝即宮保第，爲紀念太子太保林密卿而由密卿子朝棟（獻堂堂兄）所建。邸宅凡三進，雕樑畫棟，古雅精緻。門前有精美絕倫的雕花窗櫺，和景薰樓相同，又有石鼓、石盾、石羊。庭前有一對石獅。而側面美麗的古磚牆，有呈魚鱗片的，尤爲一絕。古式圍牆、花窗，令人目不暇給，歎爲觀止。

萊園，佈局幽靜，寬闊軒爽，結構宏麗，古色古香，有搗衣澗、木棉橋、五桂樓、荔枝島、小習池、萬梅菴、望月峰、千步登、夕佳亭、櫟社石碑等勝景。依山環水，花木扶疏，氣勢雄偉，林氏數十年的祖先均葬於此，獻堂公墓也在此。它是臺中十二勝之一，稱爲「萊園雨霽」。梁啓超曾於宣統三年二月廿四日來霧峰寄居五桂樓中，飲酒賦詩，園名益噪。梁氏曾有「萊園雜詠」多首，現節錄其中四首，以見一斑：

人物自是徐孺子，山林不數何將軍。稍喜茲游得奇絕，萊園占盡月三分。（萊園）

娟娟華月霧峰頭，汎汎風光五桂樓。傳語王孫應好在，海隅景物勝中州。（五桂樓）

小亭隱几到黃昏，瘦竹高花淨不喧。最是夕陽無限好，殘紅蒼莽授中原。（夕佳亭）

望月峰頭白霧滋，南飛烏鵲怨無枝。不見消瘦姮娥影，入夜還能似舊時？（望月峰）

可惜近年萊園中學（後改明台工商）遷入，風景破壞不少。（註九）

（附記：獻堂公爲筆者叔祖。林家邸園竟毀於一九九九年九二一大地震，目前尚在復建中）

附註

註一　林獻堂於所編「西河林氏族譜」，謙未將其生年名號具列；此據蔡培火「光復節憶抗日民族運動」一文稱「我生於民國二十三年，比林獻堂先生小八歲」推算。

註二　詳參「西河林氏族譜」高祖考遜公家傳、曾祖考甲寅公家傳、祖考奠國公家傳、先考文欽公家傳，並參「大哉臺中」頁七四。

註三　見「大哉臺中」頁七五——七六，並參註一引蔡培火文。

註四　詳見臺灣省通志稿卷九革命志士篇，第一章臺灣民主國，第二章義民武裝抗日，三章反日行動。

註五　同註一引蔡先生文。

註六　本小節參考臺灣省通稿卷九第四章第一節、註一引蔡先生文、林載爵「五四與臺灣新文化運動」一文。

註七　第三、四小節參見臺灣省通志稿卷九第四章第二節、第五章第一、二節，又註一引蔡先生文。

註八　見臺灣省通志稿卷九第五章第三、四節。

註九　本節除筆者曾於一九八二年農曆新正親自拜訪遊觀之外，又參考臺灣古蹟集（第一輯）、臺灣史蹟圖集、大哉臺中等書，及洪金珠「世家、門風——與霧峰林家」一文。

引用書文目

西河林氏族譜：林獻堂　昭和十一年（一九三六年）出版
光復節憶抗日民族運動：蔡培火撰　一九八一年十月二十五日聯合報刊載
大哉臺中：大哉臺中編委會編　臺中縣政府出版
臺灣省通志稿：林熊祥等　臺灣省文獻委員會編印
五四與臺灣新文化運動：林載爵撰　一九七九年五月廿六日聯合報副刊
臺灣古蹟集（第一輯）　林衡道、郭嘉雄編　臺灣省文獻委員會出版部
臺灣史蹟圖集　同　右
世家、門風——與霧峰林家　洪金珠撰　一九八二年元月廿八日中國時報刊載

惜墨如金的黃得時老師

一九九九年大年初五閱報，驚聞黃得時老師已於年初三下午病逝！

黃老師雖然享九十一歲高壽，但是，印象中他並不老邁；閉起眼睛，來到眼前的，只有五十多歲時上課的英姿，最多也是前些年拄著柺杖的身影，精神還是那麼好。歲月催人，他老人家還是走了……，去年，他捐贈許多寶貴文史資料給文建會文資中心的典禮，他就因病沒法子蒞臨。

看了消息報導，才知道他曾擔任自日本接收後的臺大首任教務主任，比著名的傅斯年先生接任校長還要早。但，六〇年代我們修他的「日本漢學史」、「日本漢學專題討論」課時，他絕口不提這些一般人認爲的豐功偉績。在那戒嚴時代，他也不提獻身臺灣新文學運動的當年勇，只是如數家珍的，把他擅長的日本漢學知識傳輸給我們。記憶中最深刻的，日本有漢學家大江萬里；筆者羨慕日人的複姓，可以使姓名配得那麼場景開闊，浩大無邊；於是也曾自取「青野千里」的筆名，因爲嚮往那欣欣然有生意的青秧禾草千萬里的大景。

雖然日治時代只有公學校（小學）畢業的先父，生前提起黃老師的大名，也豎起大拇指，知道他對臺灣的貢獻。但上課時我們只知道他是我們的老師，老師就是老師，他壓根兒也不求校內行政上的高官、校外的名位。現在回想起來，倒記得有幾次在走廊上看到老師和歷史系的楊雲萍教授談話，如今知道他們談的一定是有關臺灣的學問吧；因爲楊先生是臺灣新文學運動開拓期的三傑之一（另二位是賴和、張我軍），他的臺灣史研究在今天也仍是權威之作。

筆者三、四年前才投入臺灣文學研究，尤其是去年八月到淡水學院臺灣文學系服務以後，對黃老師在臺灣新文學拓墾的情形，以及熱衷文藝運動、組織文藝團體、創辦刊物，並重視民間文學的採集、出版，以及民俗研究等等的貢獻，所知漸多，益加佩服，也深以曾做過他的學生爲榮。

黃老師其實早有撰寫一部臺灣文學史的「野心」，在一九四三年，他曾在當時的《臺灣文學》雜誌上發表一篇〈臺灣文學史序說〉；四十四年後才撰寫《臺灣文學史綱》的葉石濤先生，去年即撰文指稱黃先生早有此良圖，說〈序說〉一篇即是它的雛型，自己不敢掠美。距今五十多年前，黃老師即有此「膽識」寫文學史，就是因爲他的日文、台文好，文筆也好的緣故。

黃老師惜墨如金，除上述〈臺灣文學史序說〉之外，一九四九年臺北薇閣詩社出版有《板橋詩苑別集》，是臺灣古典韻文集。此外，一九九三年臺北縣立文化中心出版他的散文、雜文和論著集，叫做《評論集》；他的重要文學觀點和成就，都可以在集子中找到。此外，可能還有許多遺著有待整理出版。當然，他當年翻譯《水滸傳》爲日文，譯寫兒童少年文學作品等等「前衛」性的識見，也使我萬分景仰，需要早日研探，以完成他未竟之願。

黃老師一生獲致的文藝成就獎勵很多，最高的是國家文化獎章；記憶所及，他也是第一位獲得中央研究院胡適紀念館的榮譽研究講座。而平時默默耕耘、不求名利的他，當日本諾貝爾文學獎得主川端康成先生來臺時，曾擔任他的翻譯，代表國家接待世界級貴賓。每想及此，奉獻文壇七十年的黃老師，實在益加的令人敬佩！

北師的作家們・續筆

日據臺灣，於明治廿八年，即西元一八九五年，七月十六日，設立「芝山巖國語練習所」（參林瑞明〈臺灣文學史年表〉），這是國立台北師院的前身；所謂「國語」指的是日本語。二年後，即一八九七年，練習所改稱「臺灣總督府學校」；並設置女子部。又二年，即一八九九年，設置師範部，開始養成台籍教師，正式與臺灣教育產生關係。

畢業於北師的著名作家（含兒童少年文學作家），以一九〇七年實業部農業科的黃呈聰先生爲最早。黃先生於一九二三年發表〈論普及白話文的使命〉一文，引起了二〇年代的臺灣新舊文學論爭，是臺灣新文學史上的一件大事（詳參葉石濤《臺灣文學史綱》）。在當年的四月十五日，他也發行《臺灣民報》，影響臺灣新文學極大。黃先生本人也能創作白話作品，是北師校史上的第一位文學作家。

其次爲一九〇八年國語部的林呈祿先生。他就是上述黃先生所發行《臺灣民報》的主編，自然也是個作家。

一九一二年國語部陳逢源先生，早期也關心臺灣文學、文化，目前仍有「陳逢源文教基金會」紀念他，每年獎勵古典詩的創作和吟唱。

一九一三年國語部的陳炘先生，早在一九二二年七月十六日，即發表〈文學與職務〉一文，刊於《臺灣青年》第一期，談文學的任務「在於傳播文明思想，負有改造社會的使命。」（葉石濤《臺灣文學史綱》頁二一）

一九一七年，謝春木（筆名追風）考入，許俊雅《日據時期臺灣小說》研究（頁二二二）說：「十六歲考進台北師範學校，與王白淵、林輝焜同期入學。」

一九一九年國語科吳三連先生，吳先生後任《臺灣新民報》記者，戰後創辦自立報系，身後有「吳三連臺灣史料基金會」繼續從事文學、歷史、文化等方面的工作。

一九二〇年師範本科吳建田先生，就是著名的臺灣文學作家吳濁流先生。他在一九三六年後，卅七歲，才開始寫作，除舊詩之外，著名的四大小說爲：《亞細亞的孤兒》（初名《胡志明》，又改名《胡太明》）、《波茨坦科長》、《無花果》、《臺灣連翹》。一九六四年，創辦《臺灣文藝》雜誌社，今仍發行，鼓勵本土文藝不遺餘力。一九六九年，設立文學獎，獎勵後進，影響深遠。於一九七六年逝世，享年七十七。他是本校作家中最傑出的一位。（詳參一九九六年十月五日，新竹縣政府主辦「吳濁流學術研討會」論文集〈吳濁流一生與文學〉。）

一九五三年普通科戊組顏炳耀先生，從事小學教育，擅長兒童文學寫作及作文教學，編輯出版許多著述。

一九五五年畢業普通科丙組劉兆祐先生，早期從事新詩創作，出身師大之國家文學博士，近年由東吳大學轉至台北市立師院服務，現爲該校應用語文研究所主任。

一九五九年藝術科席慕容女士，爲蒙古裔，後從事新詩、散文及繪畫創作，很有貢獻。

一九六〇年特師科黃郁文先生，爲兒童文學作家，在童話、少年小說等方面創作不輟；另在花蓮和平國小校長任內，每年出版《春天》兒童專輯校刊，頗獲好評。

一九六四年特師科甲班謝新福先生，爲散文家及兒童文學家，出版童詩、童話等專集。現爲桃園某國小校長。筆者於進修部曾任教其「兒童文學」課程。

一九七六年甲班陳清枝先生，兒童文學家，臺灣森林小學創始人。近年從事假日森林學校之推展工作與「創思語文」教學活動。

一九七六年乙班陳木城先生，兒童文學家，特長於童詩寫作。現任北縣教育局督學。

一九八〇年甲班林萬來先生，本爲美勞組畢業，從事鄉土散文創作，出版有《千山之外》等數本文集，現任雲林麥寮國小主任。筆者初到北師即任教其班國文一年；對筆者特爲尊敬、有緣。

以上凡十五位北師畢業作家，資料係參考十年前本校所編《北師四十年》。其後的資料不易查索，而且文名未著，故不列入。而上述資料，或因使用筆名等，不易查得眞名而致遺珠，請諒。

續筆

一九九七年的十月廿五日，筆者擔任台北市國小學生演說比賽評審工作，與昔日同事、退休教授林國樑先生談及，他告知鍾肇政、林鍾隆先生也是北師校友；筆者則另發現劉武雄（筆名七等生）、畫家楊啓東先生，也是作家校友。

鍾肇政先生爲新竹客家人，有《魯冰花》、「臺灣人三部曲」等數十部臺灣小說作品，一般人均不陌生，在此且不細表。而林鍾隆先生也傑出，身兼散文家、兒童文學作家等，著作很多，常見諸報端，也不必詳加介紹。

倒是在施懿琳、許俊雅等合著的《台中縣文學發展史》中，列楊啓東先生爲中縣新詩作家的第一位。五六〇年代，筆者就讀省立台中商職時，楊老師講授「美術」課程，當時上課情形今猶歷歷在目。楊老師生於西元一九〇五年，其哲嗣維楨、維哲；維哲任台大數學系教授，近年兼任大學院校聯招闈長，風評甚好；其子柏因，更是數學天才兒童，一再跳級，已自美以最年輕博士返國在淡大任教，傳爲美談。

楊先生爲豐原人，是台北師院前身「臺灣總督府台北師範學校」，一九二五年班小學師範部演習科本科學生。同學中著名的尚有張耀東先生，後任台大醫學院院長。楊先生戰後「因現實政治環境的關係」，由作詩轉而作畫，從事美術教育達三十多年，直至退休爲止;爲臺灣水彩畫界翹楚。近年尤致力於油畫,有百幅「美女圖」的畫作。由此,筆者憶起當年楊老師在堂上、堂外,遇有長得漂亮的女生,他即端起「三角眼」,直盯著看;同學曾私下謂其「老不修」者,如今想來,楊老師其實是以審美之眼,正在作藝術的功課,醞釀「百美圖」的創作準備呢!同學誤解了楊老師的用心了。

有關楊老師的新文學歷程,在上引《台中縣文學發展史》(頁一五五)中,許俊雅說道:

「楊氏於小學五年級即開始寫俳句、短歌、童謠,在《少年少女》雜誌發表,十五歲開始寫新詩,於日本東京《日本少年》、《少年世界》等雜誌發表。二十歲至卅五歲之間,時有新詩、隨筆、評論,刊於《臺灣日日新聞》、《臺灣新聞》、《台南新報》等報。」

可見新詩、隨筆和評論等,是楊先生的擅長。同文又說:

「日本《文學評論》紹介臺灣新詩人作品時,楊氏有詩作:〈早上的菜市場〉、〈戀愛的形象〉、〈尼僧的月夜〉三首入選。」

在新詩創作方面,楊先生的作品自然不止這三首。但這三首既爲日本文評家所青睞,自有其不可忽視的成就。爲篇幅所限,現僅以〈早上的菜市場〉一詩爲例,加以賞析。原詩爲:

「如焚的燦爛晨曦下

人們生存的心臟（——）市場
鼓動著脈搏而喘息
包括活動　現實　經濟
靈敏　熾熱　音符
充滿生氣流動體騷動

著新鮮的本島衣服的薔薇　李子
洋溢風味與食慾的肉體美人的
柿子　香蕉
堆積如山的平民竹筍　茭白筍
鄉下壯士的蕃藷

浴著污血　慘叫的豬肉
具強烈刺激和蓬勃色彩
沙丁魚　烏賊　鯊魚　鰻魚
散發著精力充滿的體臭

瘦美人韭菜花
半老徐娘芹菜
性感的洋蔥　洋裝的大蒜
長得矮胖醜陋的南瓜
做好早晨化妝鄭重端坐著
愉快地鼓動著心臟
象徵旗幟鮮明
禮讚　宏揚　肯定生活

著實　著實
市場是現實的勝利
生活的謳歌
實踐的歡樂的
交響曲。」

全詩共有五小節。第一小節說早上熱鬧的菜市場，充滿生氣，像是一個人的心臟，什麼活動都有。第二小節用各種形象化的語言，來描繪各種蔬果。第三小節承上節，描寫葷食。第四小節先是承第二小節，續寫幾樣蔬菜和作料，後寫這些有特色的食物對人們生活以及生命的重要性。最後一節，又肯定市場對現實生活的貢獻，許俊雅教授所謂的「人生的現實可說全部展露在菜市場中。」（同上引頁一五七）

詩中最成功的地方，是在第二、三、四小節中，使用極精確而又生動、形象化的語言，來描寫各種食物，像：「洋溢風味與食慾的肉體美人的柿子、香蕉」、「鄉下壯士蕃藷」，還有各種魚類「散發著精力充沛的體臭」，等等都是，非常難得。而整首詩給人的印象是市場的「活潑有精神」（許教授語）。它的最特出的成就，是在說物即說人，社會種種不正像一個菜市場嗎？許教授說：「物我之間亦可相指涉」，正是此意。不過，社會如像市場，當像楊老師所說「早上的菜市場」，而不宜像黃昏甚至夜晚的市場！

由上面所述，楊先生的新詩作品，能跳出時潮之外，對文學、藝術等崇高而長遠的境界接觸，而不像當時一般詩人、文人多投入政治、社會的啓蒙、改造乃至抗議、反叛等比較現實化的文學創作活動中；這可能與他的美學、藝術修養和性格有關。也因此，戰後他「轉跑道」向美術及美術教育，均能有傑出的成就與貢獻。其畫作曾多次入選日本、巴西國際美展，榮獲沙龍獎。在繪畫成就之外，北師人還不忘記他也是位作家校友！

八仙山聳綠水迴環

——敬悼林鶴年縣長

報載一九九五年十二月七日臺中縣第一、三、五屆縣長林鶴年先生，逝世於霧峰蘭生之家。身爲霧峰林氏子弟，筆者別有一番哀悼之情。

早在一九五八年，家母逝世前幾天，她因患半身不遂症還能說話時，曾語氣慈藹的告誡正就讀小學六年級的筆者，要好好兒用功，說：「你的面貌很像林鶴年縣長，看看將來能不能也像他一樣出人頭地。」在當年連小學都沒有上過的家母眼中，能當上一縣之長，已是心目中的偉人，何況鶴年先生又是我們霧峰林家人呢！家母是以何等的愛心和企盼說出這樣深情的話；當時自己年少，過些年才悟知是她的遺囑，因爲過了一兩天，她就病重不能再言語了。雖然筆者略知上進，後來由中商考入臺大中文系所，獲得國家文學博士，當了教授作育人才，和慈母期望的當縣長，性質不同，不能相比較；但是，至今對社會國家的貢獻，絕對大不如林縣長，自己仍有待努力衝刺，以慰母在天之靈。

在上縣立草湖國小時，除了校歌之外，又有「縣歌」要學唱。

「八仙山聳，山溪流溶，迴環綠水永無窮。……」優美而又充滿希望、富足的快樂歌聲，令人印象深刻，直到四十多年後的今天，筆者仍會吟唱它開頭幾句。這臺中縣縣歌，正是林縣長的傑作！後來移家臺中市，市歌聽說也出自林縣長的手筆。因爲他學的是音樂，他是音樂家縣長。每回筆者帶新的班級或開授新的課程，第一次上課自我介紹時，總要提起上述的「家聲」，學生們都佩服有加。

由於林縣長出身霧峰望族，是筆者叔祖、當年思想文化抗日英雄獻堂公的堂姪，早年留學日本東京帝國大學，學習音樂，造詣極深。後來競選縣長，和陳水潭先生勢均力敵；因此，兩位形同輪流執政，林先生當選第一、三、五屆。當年家父曾任鄉民代表，自然成爲重要的助選樁腳之一，投票之日，常要到深夜才開出當選票數，徹夜請客，熱鬧的景況至今記憶猶新。

有音樂家當縣長，縣政自然多一份藝術特質與風格，其影響垂數十年不衰，像多年前縣立文化中心，在全省二十餘縣市中首出本籍作家作品集，每輯十種二函套，成爲其他縣市競相仿傚的對象，就可以證明。林縣長膝下並無子女，但是在他卸任縣長，爲了政治興趣幾乎花掉了所有的積蓄時，他仍爲了紀念早逝的弟弟蘭生，而創辦了「蘭生仁愛之家」，專門收容孤苦無依的兒童。誰說這不是縣政的延長、藝術愛心的發揮呢？在今天重視兒童福利、重視社會救濟的立場來看，林縣長的所作所爲，無疑是走在時代的前端，啓發後人於無窮。

林縣長的政績，贏得大家的敬重；他的藝術才華，受到縣民的仰佩；而惠及孤苦的愛心，民間樂道，永垂後世。如今哲人其萎，怎不令人欷歔、悼念呢？

一位沒有國界的臺灣文藝家——西川滿

本土化之餘，跨越種族、跨越國家的藩籬，文學、藝術、文化多元，是世界發展的主流、大趨勢。

一九九九年二月廿五日下午，國人還陶醉在過年的歡樂氣氛中，淡水學院臺灣文學資料館的林慧姃老師，突然帶來一張由日本傳眞來的「通知」（即「訃聞」），說：「日本作家西川滿先生於一九九九年二月二十四日正午十二時五十分，由於腎臟病關係逝世。」頓時，讓我離開了現實，遙想西川先生的「爲人」。要不是林小姐問起：西川先生生於一九〇八年二月，不知日本人今年應當算是幾歲的問題，我不知還要失神多久呢。西川先生走了，實在太可惜了！

耳聞西川滿先生的大名，是幾年前的事，後來，在報上曾讀到陳明台先生寫的〈西川滿論〉，連載了好幾天。一九九八年，筆者籌辦淡水學院臺灣文學系「葉石濤文學會議」時，也接觸了葉氏和陳千武先生所翻譯的西川先生小說集。而同年十二月三日，又和國際研究西川文學專家，也是同事的陳藻香老師及其導生，在餐會上親聆她對西川學的第一手言論。如今在西川先生身後，再閱讀有關他的報導，以及借讀陳教授的博士論文：日本領台時代の日本人作家——西川滿を中心として，對西川先生及其文藝，有了些許的認識。

從臺灣文學的立場來看，西川先生可說是由「跨國界」，終至「無國界」的臺灣文藝大家。

西川先生於一九一〇年四月，隨家人渡台，那時他才滿兩歲多而已；到一九四六年四月離台，漫長的三十六個年頭，由嬰兒、兒童、少年、直至成人、中年，都是吃臺灣米、喝臺灣水長大的，相信如果他可以選國籍，一定是非「臺灣」莫屬。

以他在臺灣三十六年的所作所爲，也可以證明他的心向臺灣，對臺灣文學乃至藝術的貢獻與影響，在類似的人物中，無人能出其右。例如：不住日人「官邸」而住臺灣人社區；在日本官方報紙《臺灣日日新報》中，開闢「學藝欄」，鼓勵、刊登臺灣文藝等作品；創辦《華麗島》、主編《文藝臺灣》雜誌，影響著臺灣文學，栽培文藝人才。又創作《華麗島民話集》、臺灣詩篇，以及各類臺灣小說，如：《赤嵌記》、《臺灣縱貫鐵道》等。更有他精細手工製作、裝幀的書籍簿册，在藝術上更是一大特色，令人刮目相看；其藝術家性格，一舉一動，一言一文，也令人敬慕有加。

以上種種，均啓發臺灣文人，影響臺灣文化的心。而他戰後被國民政府遣送回日後，仍以華麗的臺灣爲其作品描繪、啓示或表現的主要對象，作品源源而不絕，可說時時「心繫臺灣」；平心而論，也是極其難能可貴的，試問臺灣人幾人能夠？他更在生前兩年，一九九七年，慨贈畢生藏書寶物凡八九千件册，給淡水學院臺灣文學資料館，而不贈自己的國家——日本，這不更證明他對臺灣的感情，不止令我臺灣國人，應是世與同欽吧！

吾人也因而聯想及阿爾巴尼亞籍的德瑞莎修女，她爲印度的貧苦大衆奉獻所有，終身以之，就知道她們都是「沒有國界」的人，是眞正的世界公民！西川滿先生對臺灣所付出的一切，足以和諾貝爾和平獎得主德瑞莎修女同其不朽；且讓我們就尊稱他爲「永遠的臺灣文藝之友」吧！

（一九九九年三月三日於臺灣淡水）